Emilia Morel

Die 7 Säulen der Resilienz

Wie Sie mit den Powermethoden eiserne Resilienz trainieren, absolut Stressresistent werden und eiserne Widerstandskraft aufbauen (inkl. vieler Übungen, Workbook und Test)

INHALT

1. Das erwartet Sie in diesem Buch

Wünschen Sie sich mehr innere Widerstandskraft, damit Ihre Energie weniger schnell in schwierigen Lebensphasen aufgebraucht ist? Wünschen Sie sich eine innere Ruhe, um Probleme besser angehen zu können? Fällt es Ihnen schwer, dem inneren Gedankenkarussell zu entkommen, in dem eine Sorge die nächste jagt?

Wenn Sie sich bei diesen Fragen angesprochen fühlen, wird Ihnen dieses Buch zum Thema Resilienz viel Freude bereiten. Sie werden erfahren, dass sich Ihre persönliche Widerstandskraft mit verschiedenen Methoden stärken lässt und dass es mithilfe der sieben Säulen, und den damit verknüpften Schutzfaktoren, einen ganz individuellen Weg für Sie gibt, um resilienter zu werden. Sie können auf Ihre eigene Weise zu einem Menschen werden, der gut mit Krisen umgehen kann und gestärkt daraus hervorgeht.

Dieses Buch soll Ihnen aufzeigen, wie die persönliche Resilienz entsteht und beeinflusst wird. Das Modell der sieben Säulen soll dabei verdeutlichen, wie Sie Ihre Resilienz durch die Einnahme bestimmter Haltungen stärken. Jeder Mensch ist anders und hat verschiedene „Baustellen", an denen er arbeiten kann. Um diese Ansatzpunkte zu verdeutlichen, wird in diesem Buch viel mit Beispielen gearbeitet, die Probleme und Lösungsansätze veranschaulichen sollen.

Ebenso werden Ihnen viele praktische Tipps und Tricks vermittelt. Resilienz kann in jedem Alter erlernt und immer weiter ausgebaut werden. Dieser Meinung ist auch der Bindungsexperte Prof. Dr. Karl Heinz Brisch, der an der Paracelsus Medizinischen Privatuniversität Salzburg das Institut für Early Life Care leitet. Er wird folgendermaßen zitiert: „Trotz einer gewissen genetischen Komponente gilt die Resilienz als nicht angeboren, sondern erlernbar" (A. Schmidt-Forth). Auch wenn es schwierig erscheinen kann, noch spät an Ihrer Resilienz zu arbeiten, ist es möglich. Und es lohnt sich auf jeden Fall, denn resiliente Menschen schütten bei Stress weniger Stresshormone aus und leiden folglich auch weniger unter stressbedingten Folgeerkrankungen.

2. Die Resilienz: Eine Einführung

Der Begriff ‚Resilienz‘ stammt aus der Physik und bezeichnet die Fähigkeit eines Gegenstandes, nach einer Verformung durch äußere Krafteinwirkung wieder seine ursprüngliche Gestalt zurückzuerlangen. So wird ein Flummi, wenn er auf dem Boden aufkommt, verformt. Er wird zusammengepresst. Er ist nicht länger kugelrund, sondern nimmt für einen kurzen Moment die Form eines Ellipsoids ein. Dank seiner Resilienz ist die Verformung jedoch nur von kurzer Dauer, sie findet in dem Moment ihr Ende, wenn die Kräfte aufhören zu wirken, also wenn der Flummi wieder in der Luft ist und keine entgegengesetzten Kräfte mehr auf ihn einwirken. Ein Gegenbeispiel ist Knete. Sie verfügt über fast keine Resilienz. Wirft man sie auf den Boden, verformt sie sich und bleibt in dieser Form auf dem Boden liegen.

Die **Bedeutung des Wortes Resilienz** lässt sich auch in ihren **fremdsprachlichen Bedeutungen** wiederfinden. So lässt sich das **englische Wort ‚resilience‘** auch mit **‚Spannkraft‘ oder ‚Elastizität‘** übersetzen und das **lateinische Verb ‚resilire‘** mit **‚zurückspringen‘ oder ‚abprallen‘**, was der physikalischen Entsprechung besonders nahekommt.

Menschen mit einer hohen Resilienz lassen sich von äußeren Kräften wie Schicksalsschlägen nicht umhauen. „To bounce back“ (zu Deutsch in etwa „zurückhüpfen“) ist ein im Englischen gebräuchlicher Begriff, der beschreibt, wenn ein Mensch nach einer schwierigen Situation wieder vollkommen fit ist. **Dies gelingt Menschen, wenn sie nach Lösungen im Rahmen ihrer Möglichkeiten suchen und dabei sich selbst und den Menschen, denen sie nah sind, vertrauen**. Sie fühlen sich in einem hohen Maß selbstbestimmt und verfügen über eine gute

Portion Optimismus. Ihre psychische Beschaffenheit ähnelt darin der physikalischen Beschaffenheit eines Flummis.

Resiliente Menschen verfügen über Mechanismen, die sie in ihrer Problembewältigung stärken, sie anschließend schnell regenerieren lassen und auf lange Sicht ein glückliches Leben führen lassen. **Die nötigen Lebenseinstellungen, die es braucht, um Ihre innere Widerstandskraft zu aktivieren und zu bewahren, können als sieben Säulen der Resilienz bezeichnet werden, da aus ihnen heraus die Widerstandskraft entsteht.**

Resilienz lässt sich trainieren. Um Ihre Arbeit daran jedoch zu konkretisieren, können Sie sich das Wissen um das Zusammenspiel der sieben Säulen und der persönlichkeitseigenen Schutzfaktoren zunutze machen und gezielt an Ihren Schwächen arbeiten.

Wenn auch Sie resilienter werden wollen, können Sie mithilfe der in diesem Buch vorgeschlagenen Übungen auf lange Sicht eine größere psychische Widerstandskraft entwickeln.

In der Psychologie existieren mehrere Erklärungen und Modelle, die die Resilienz des Menschen definieren sollen. Sie setzen verschiedene Schwerpunkte, wie die persönliche Widerstandskraft eines Menschen zu verstehen ist und wie sie genau entsteht. Dies erwächst aus der Tatsache, dass viele verschiedene Faktoren in einem komplexen Zusammenspiel die Resilienz eines Menschen bestimmen und daher die Abgrenzung der Wirkung des einen Faktors gegenüber eines anderen schwerfällt. Aus diesem Grund werden Sie in diesem Buch eine Vielzahl an Eigenschaften und Fähigkeiten finden, die Einfluss auf Ihre Resilienz nehmen. Alle vorgestellten Aspekte sind miteinander verknüpft und können Sie je nach Ausprägung stärken oder auch schwächen. Resilienz bedeutet nicht, jede Herausforderung herausragend zu meistern, sondern sich davon nicht unterkriegen zu lassen.

Es gibt Definitionen, die die Resilienz als eine Persönlichkeitseigenschaft verstehen. Diese Sichtweise wird in diesem Buch mit aufgegriffen, da die einmal erarbeitete Resilienz häufig langfristig bestehen bleibt und Sie in Ihrer ganzen Person positiv beeinflussen kann. Der Begriff der Resilienz wird hier jedoch noch weiter gefasst und beschreibt somit mehr als nur eine Eigenschaft. **Resilienz zeigt sich immer im Rahmen einer Situation, in der ein Mensch seine Eigenschaften und Fähigkeiten einsetzt, um angemessen mit ihr umgehen zu können.** Auch, wenn das Geschehen komplex und manchmal nicht ganz nachvollziehbar ist, lässt es sich durch Ihre eigene Kraft positiv beeinflussen.

In diesem Buch wird Resilienz vor allem als Prozess des Zusammenspiels von verschiedenen Eigenschaften und Haltungen verstanden. Die Wirkung dieses Prozesses lässt sich durch verschiedene Schutzfaktoren positiv beeinflussen. **Wie gut die Wirkung der Resilienz ausfällt**, also wie gut die Schutzmechanismen von einer Person in einer bestimmten Situation angewendet werden können, **ist** darüber hinaus **von** noch mehr **Aspekten abhängig, die** zum Beispiel **die Umwelt vorgibt**. Die Betrachtung der Resilienz und ihrer Schutzfaktoren im Rahmen der Faktoren, die nicht beeinflussbar sind, ist durchaus kompliziert.

Wenn über Resilienz und ihre positive Wirkung auf das Leben gesprochen wird, darf man es sich nicht zu einfach machen. Es gibt Faktoren, die dazu führen können, dass die Resilienz einer Person sie nicht davor bewahrt, psychischen oder physischen Schaden zu nehmen. So darf man die posttraumatische Belastungsstörung eines Kriegsüberlebenden nicht auf seine zu geringe Resilienz und seine mangelnden Schutzfaktoren zurückführen und die Schuld für die Erkrankung bei der Person suchen. Die Schuld ist in solchen Fällen niemals dem Menschen zuzurechnen, sondern der extremen Situation, der er ausgesetzt war. Dennoch ist nicht zu übersehen, dass die Schutzfaktoren die Wahrscheinlichkeit einer Erkrankung nach einer belastenden Situation durchaus beeinflussen.

Sie werden im Folgenden einen Überblick über Ihre **individuellen**

Schutzfaktoren erhalten. Diese **können Sie selbst beeinflussen und somit Ihre sieben Säulen der Resilienz stärken**. Daneben gibt es noch Umweltfaktoren, die Einfluss auf Ihre Resilienz nehmen. Schützende Faktoren können also auch aus der Kultur, der Gesellschaft, der Umgebung in der Sie leben (wie Ihrer Nachbarschaft oder Ihrem Arbeitsplatz) und natürlich von Ihren Freunden und Ihrer Familie stammen. Darüber hinaus wurde jede Erfahrung, die sich auf Ihre Resilienz, Ihre Lebenseinstellungen und Schutzfaktoren ausgewirkt hat, von äußeren Faktoren beeinflusst. Dieser Aspekt wird in Bezug auf die Entstehung der personenbezogenen Resilienzfaktoren mitberücksichtigt.

Die Resilienzforschung wird in dieses Buch eingebunden, sofern deren Ergebnisse direkt für eine praktische Umsetzung benutzt werden können. Sind Sie an einem knappen Überblick interessiert, dann ist der Artikel „Resilienz - Geschichte, Modelle und Anwendung" unter: https://link.springer.com/article/10.1007/s11620-020-00524-6 zu empfehlen. Dort erhalten Sie spannende Informationen zu der Geschichte der Resilienzforschung, zu unterschiedlichen Modellen, wie Resilienz zu verstehen ist und wie das Wissen um die Funktionsweise der Resilienz in die Behandlung von Krankheiten eingebunden werden kann. Diese Aspekte werden hier aufgrund des Zieles, Ihnen einen möglichst praxisnahen Ratgeber darzubieten, vernachlässigt. **Erforscht werden die Resilienz und die Schutzfaktoren vor allem im Rahmen der Gesundheitspsychologie, die sich mit den Auswirkungen von „personalen, sozialen und strukturellen Einflussfaktoren auf die Gesundheit"** (psychologie-studieren.de) **beschäftigt**. Resilienz wird im Forschungsdiskurs vermehrt als Phänomen wahrgenommen, das die Gesundheit und damit auch Krankheitsverläufe mitbestimmt. Der Resilienz wird daher zunehmend ein Eigenwert in der Behandlung und Prävention zugesprochen. Die nachgewiesenen positiven Effekte einer hohen Resilienz machen sich daher nicht mehr nur Einzelpersonen nutzbar, sondern auch das Gesundheitssystem.

3. Das Modell der sieben Säulen

Wer Resilienz als Kraft und als funktionierenden Schutzmechanismus versteht, stark durch das Leben zu gehen und den Schwierigkeiten zu trotzen, der verfügt über sieben ganz bestimmte Haltungen gegenüber Herausforderungen in Form der sieben Säulen der Resilienz. Diese werden durch eine Vielzahl an Schutzfaktoren gestützt. Die sieben Säulen der Resilienz hängen eng mit vielen weiteren Kompetenzen zusammen. Bei den in den folgenden Kapiteln vorgestellten Haltungen handelt es sich um ganz typische Eigenschaften, die Menschen mit einer hohen Resilienz bei Untersuchungen zeigten.

Bei jedem Menschen sind die verschiedenen Säulen unterschiedlich ausgeprägt. Es gibt zudem unterschiedliche Ansätze, welche Eigenschaften eines Menschen ihn oder sie resilient machen. In dem hieran anschließenden Teil werden Sie merken, dass eine klare Abgrenzung – in Form von: diese Eigenschaft oder Fähigkeit macht resilient, eine andere hingegen hat keine Auswirkungen auf die Resilienz – nicht möglich ist. Dennoch hat das Modell der sieben Säulen der Resilienz viele Vorteile. Sie lassen sich durch Training beeinflussen und die Stärkung der Säulen eröffnet Ihnen im besten Fall den Weg in ein Leben mit weniger Stress und mehr Glück.

Die sieben Säulen stellen in diesem Buch die Grundhaltungen dar, die Sie brauchen, um psychisch widerstandskräftiger zu werden. Die Verbesserung der Lebenseinstellungen, die eng mit Ihrer Persönlichkeit verknüpft sind, werden Ihnen einen entspannteren Umgang mit Herausforderungen ermöglichen. Um sich diese Haltungen zu eigen machen zu können, braucht es jedoch noch viele weitere Resilienzfaktoren, die in jedem Menschen ein bisschen anders angelegt sind. Resilienz entsteht nicht, weil Sie bei bestimmten Resilienzfaktoren ein bestimmtes Level erreicht haben, sondern in der Interaktion Ihrer sieben Säulen, Ihrer weiteren Eigenschaften und den Umweltfaktoren. Im Rahmen dieser Interaktion können sich all diese Faktoren gegenseitig verstärken und Ihre Resilienz massiv steigern.

Wenn Sie Ihre innere Widerstandskraft benötigen, können die Faktoren sich aber auch gegenseitig im Wege stehen, sodass Sie zum Beispiel von einem bestimmten Ereignis stärker getroffen werden als von einem anderen. Wie Resilienz ganz konkret entsteht, ist daher ein äußerst komplexer Prozess. Die vorgestellten sieben Säulen samt den weiteren Faktoren geben Ihnen aber eine Hilfestellung, diesen Prozess in der Zukunft positiv zu beeinflussen.

Wie diese mit der Resilienz in Zusammenhang stehen und gezielt zur Verbesserung dieser beeinflusst werden können, erfahren Sie im anschließenden Teil (Kapitel 11) dieses Buches. Stellen Sie sich die Säulen der Resilienz auf einem Fundament vieler weiterer Aspekte vor, ohne die die Säulen und folglich auch die Resilienz nicht existieren könnten. Ihr Weg zu einem resilienteren Selbst besteht aus vielen kleinen Schritten, die Sie auf vielfältige Weise stärken.

4. Optimismus

Unter Optimismus wird in diesem Buch ein sogenannter gesunder Optimismus verstanden, der Sie weder unrealistisch noch naiv in die Zukunft schauen lässt. Er ist von der Selbstwirksamkeitserwartung in der Form abzugrenzen, als dass optimistisch eingestellte Menschen nicht nur in Bezug auf ihre Selbstwirksamkeit optimistisch sind, sondern auch bei Dingen, die sie nicht selbst beeinflussen können. Menschen mit einer optimistischen Lebenseinstellung können das Gute im Schlechten sehen. **Winston Churchill** formulierte diesen Umstand passend:

„Ein Pessimist sieht die Schwierigkeiten in jeder Möglichkeit, ein Optimist sieht die Möglichkeiten in jeder Schwierigkeit."

Menschen mit einem ausgeprägten gesunden Optimismus schauen zuversichtlich in die Zukunft, da sie sich als fähig erachten, mit den kommenden Herausforderungen umzugehen. Zum einen, weil sie sich selbst gut kennen und eine Selbstwirksamkeitserwartung haben. Zum anderen, weil sie sich Probleme und die Zukunft als nicht überwältigend vorstellen. Das Gefühl der Ohnmacht, welches viele negative Effekte auf die Resilienz haben kann, tritt daher bei ihnen nicht oder nur wenig ausgeprägt auf.

Optimismus ist eindeutig für viele positive Effekte einer hohen Resilienz mitverantwortlich. „Zuversichtliche Menschen erholen sich schneller von Operationen, haben einen niedrigeren Blutdruck und werden seltener depressiv" (Eberle). Darüber hinaus verspüren Menschen mit optimistischer Lebensauffassung weniger Schmerz und ihr Immunsystem kann Viren besser abwehren. „Untersuchungen zeigen, dass Optimisten gelassener auf Stress reagieren. Sie sorgen sich weniger und suchen kreativer nach Lösungen. Deswegen schütten sie weniger Stresshormone wie Adrenalin aus, ihr Herzschlag bleibt ruhiger, der Blutdruck niedriger" (Eberle). Darüber hinaus treffen sie gesündere Lebensentscheidungen. So trinken und rauchen sie seltener als pessimistisch eingestellte Menschen und ernähren sich gesünder.

„Zwillingsstudien zeigen, dass eine optimistische oder pessimistische Lebenshaltung nur zu etwa 25 Prozent angeboren ist - weniger als andere Persönlichkeitsmerkmale. Den Rest gucken wir uns vielfach ab, besonders von den Eltern. Wenn diese unken, tun wir das als Erwachsene auch. Doch solche Muster sind umkehrbar“ (Eberle). Es gibt ebenfalls keinen Unterschied zwischen einem angeborenen Optimismus und einem erlernten. Auch das Alter, in dem Sie beschließen, sich eine optimistischere Haltung zum Leben anzueignen, ist wenig relevant für Ihren Erfolg. Die vorgestellten Trainingsmethoden führten nachweislich in vielen Fällen zu mehr Optimismus und positiven gesundheitlichen Effekten.

Gleichzeitig darf kein Druck bei pessimistisch oder zu wenig optimistisch eingestellten Menschen aufgebaut werden. Wenn bei kranken Menschen das Gefühl entsteht, dass ihre Einstellung Grund für ihre Krankheit oder den ausbleibenden Behandlungserfolg sei, dann kann unheimlich viel Leid entstehen. Sätze wie: „Du hast nicht hart genug gekämpft!“, bei einer erfolglosen Chemotherapie, sind maximal schädlich. Die positiven Effekte dieser Säule der Resilienz sind nicht zu unterschätzen und den Optimismus zu trainieren, kann gute Auswirkungen auf Ihr Leben haben. Aber der Optimismus kann keine Wunder bewirken und sein Ausbleiben, aus welchem Grund auch immer, darf niemals als Vorwurf für zu wenig Resilienz und Scheitern verwendet werden.

Es gibt verschiedene Methoden, sich eine optimistischere Lebenseinstellung zu erarbeiten. Dabei ist es nicht damit getan, einfach nur positiv zu denken. Zu einer gesunden Haltung gehört es auch, traurig, wütend oder enttäuscht zu sein. Diese Emotionen sind für die Verarbeitung von Trauerfällen unfassbar wichtig. Menschen, die mehrheitlich positiv in die Welt schauen und eben auch mal traurig sind, können trotzdem von den Effekten des Optimismus profitieren. Optimistische Menschen sparen viel Zeit und Energie, indem sie „ihren Fokus auf Dinge richten, die funktionieren und gut laufen und vertrauen gerade in schwierigen Situationen darauf, dass es wieder besser wird“ (Prof. Dr. J. Heller). Diese Fähigkeiten, die aus der optimistischen Grundhaltung heraus entstehen, sind im Alltag und auch in Ausnahmesituation äußerst nützlich.

Es gibt mehrere Aspekte, die Sie dazu bewegen sollten, Ihre Lebenseinstellung in eine etwas optimistischere Richtung zu lenken. Ein ausgeprägter Pessimismus kann Ihre Lebensqualität nämlich stark beeinträchtigen. Außerdem kann es zu gesundheitlichen Konsequenzen kommen, wenn Sie kontinuierlich „schwarzsehen“ und nicht aus Grübeleien hinausfinden, weil Sie zum Beispiel von schlechten Aussichten dauergestresst oder ständig niedergeschlagen sind. So hat eine pessimistische Sicht auf die Dinge des Lebens auch negative Auswirkungen auf Ihre Resilienz.

Durch negative Erwartungen in die Zukunft steigt die Wahrscheinlichkeit, dass es zu einer sich selbst erfüllenden Prophezeiung kommt. Es kommt zum gleichen Effekt wie bei der generalisierten positiven Zukunftserwartung, nur dass die Folge ein häufigerer Misserfolg ist. Weitere negative Auswirkungen eines sehr geringen Optimismus sind, dass Ihr Selbstbewusstsein leidet und Ihre Sorgen Ihnen Ihre Tatkraft nehmen. Stellen Sie fest, dass einige der Aspekte auf Sie zutreffen, dann sollten Sie an sich arbeiten.

Wie Sie einige Fähigkeiten, die Ihren Optimismus beeinflussen, stärken, erfahren Sie in den späteren Kapiteln. Besonders sinnvoll ist die Betrachtung und bei Bedarf das Training Ihrer Fähigkeiten bezüglich Ihrer Selbstwahrnehmung, Ihrer Selbstwirksamkeit und Ihrer Selbstregulation. Durch den ersten Aspekt lernen Sie sich und Ihre Lebenshaltung besser kennen und legen die Grundlage für eine gelungene Arbeit an und mit sich selbst. Zudem gilt, dass nur derjenige, der von seinen Stärken und Fähigkeiten weiß, auch an diese glauben und sie gezielt einsetzen kann. Die Selbstwirksamkeitserwartung macht einen großen Anteil vom Optimismus aus. Auf sich selbst und an seine Kraft, etwas zu schaffen und zu verändern, vertrauen zu können, bietet eine gute Grundlage, um allgemein optimistischer zu werden.

Eine gute **Selbstregulation** wird Sie darin unterstützen, Ihren **Optimismus auszubilden** und ganz aktiv zu beeinflussen. Zudem soll hier noch erwähnt werden, dass die Bindung an Menschen, die Sie stärken, unterstützen und Ihnen Optimismus vorleben, Ihnen ermöglicht, optimistischer zu werden und sich diese Einstellung zu erhalten.

Eine **optimistische Lebenshaltung beeinflusst** besonders Ihre **Motivation**, Ihr **Durchhaltevermögen**, Ihre **Selbstständigkeit und** natürlich auch die **weiteren sechs Säulen der Resilienz**. Der Optimismus ist eine der wichtigsten Säulen für die Resilienz und steht daher in diesem Buch an vorderster Stelle.

4.1 VISUALISIERUNG POSITIVER GEDANKEN UND EMOTIONEN

Eine klassische Methode, Ihre Gedanken nachhaltig in eine bestimmte Richtung zu lenken, ist die **Visualisierung positiver Gedanken**. „Laut einer Studie denken wir am Tag ca. 60 000 Gedanken. ‚Gedankenfilme' laufen bei uns im Kopf eigentlich permanent, gewollt oder nicht. [...] Die Qualität der Gedanken hat dabei großen Einfluss auf unseren Lebensalltag. [...] Man hat festgestellt, dass gerade einmal 3 % davon positiv sind. 25 % sind kritischer Natur gegenüber uns selbst" (Matthias Langwasser). Der Rest ist vor allem neutral. Wenn Sie in Ihren Gedanken häufig sich selbst sehen, wie Sie in einer aufkommenden Situation versagen, wie andere mit dem Finger auf Sie zeigen oder wie schlecht Sie im Vergleich zu anderen aussehen, dann trifft dieser Wert vermutlich auch auf Sie zu.

Doch diese negativen Gedankenfilme und -gänge stehen Ihrem Optimismus und somit auch Ihrer Resilienz im Weg. Daher sollten Sie diese negativen Visualisierungen durch positive ersetzen, selbst wenn es sich wenig natürlich anfühlt. In einem Experiment wurde der positive Effekt der

Visualisierung positiver Emotionen nachgewiesen. Der Spiegel-Autor **Christian Heinrich** fasst die Erkenntnisse und den **Versuch** folgendermaßen zusammen:

„Barbara Fredrickson, Psychologin an der University of North Carolina at Chapel Hill, konnte in Experimenten nachweisen, dass sogar künstlich hervorgerufene positive und negative Gefühle eine Wirkung haben. Dazu wählte sie eine etwas seltsam anmutende Versuchsanordnung. Erst wurde den Probanden gesagt, dass sie nach kurzer Vorbereitungszeit eine Rede halten sollten. Das Thema: Warum sie gute Freunde sind. Bei allen schnellte der Puls nach oben."

Diese Reaktion ist ein typisches Symptom für aufkommenden Stress, die Sie mit Sicherheit auch schon einmal vor einem Vortrag erlebt haben.

„Vor dem angekündigten Vortrag mussten die Teilnehmer allerdings noch ein Video gucken. Bei der einen Hälfte weckte der Film negative Gefühle wie Traurigkeit; die anderen schauten Bilder, die positive Gefühle wie Freude hervorriefen. Anschließend bekamen die Probanden gesagt, dass sie doch keinen Vortrag halten müssen. Das Ergebnis des Experiments: Der Puls derjenigen, die das positive Video gesehen hatten, beruhigte sich nach der Absage des Vortrags deutlich schneller als der Puls der Gruppe mit dem negativen Video" (Heinrich).

Die Visualisierung, die bestimmte Emotionen hervorrief, war so stark, dass die körperliche Reaktion der einen Gruppe deutlich gesundheitsschädlicher war als die der anderen. Unter anderem ist ein hoher Puls äußerst anstrengend für den Herzmuskel, der das Tempo mithalten muss. Durch diese Anstrengung wird er auf Dauer geschwächt. Je häufiger und je länger Sie also Stressreaktionen zeigen, desto ungesünder ist das für Sie. Die Gruppe, die sich einen fröhlichen Film ansah, senkte also ihr Krankheitsrisiko. Die Visualisierung hatte dementsprechend einen messbaren Effekt auf den Prozess der Resilienz.

Sich positiv zu stimmen, bevor Sie etwas machen, das bei Ihnen

Stress auslöst, stärkt Ihre innere Widerstandskraft. Dies geschieht, weil Sie sich künstlich optimistische Gedanken und Gefühle aneignen. Ihre Einstellung gegenüber kommenden Situationen wird durch die Visualisierung positiver. Je häufiger Sie diesen Trick anwenden, desto mehr wird Ihr Gehirn darauf konditioniert, vor zum Beispiel einem Vortrag positive Emotionen zuzulassen.

Schauen Sie zum Beispiel lustige Katzenvideos, werden Sie in dem Moment fast automatisch fröhlicher und somit auch optimistischer. Haben Sie gelernt, dass Vorträge immer mit etwas Positivem einhergehen, dann werden Sie mit der Zeit immer entspannter. Kommt dann noch der Aspekt der positiven Selbstwirksamkeitserfahrung durch das positive Feedback Ihres Auftretens hinzu, dann werden Sie in Bezug auf Vorträge immer optimistischer und resilienter und irgendwann werden die gesundheitsschädlichen Stressreaktionen ganz ausbleiben.

Eine **weitere Möglichkeit** ist es, **sich selbst in einer bestimmten Wunschvorstellung zu skizzieren**. Gerade im Sport führt diese Methode häufig zum Erfolg. „Michael Jordan hat stets den letzten Korb eines Basketballspiels visualisiert und Formel-1 Fahrer fahren jede Strecke vorher in Gedanken ab“ (Langwasser). Dieser Traum muss nicht zwingend hundertprozentig realistisch sein. Es zählt nicht, ob Sie diese Visualisierung später eins-zu-eins umsetzen, sondern der Effekt: Sie können optimistischer in die Zukunft blicken.

Zuerst überlegen Sie sich, wie Ihr Traum eigentlich aussieht. Wo sehen Sie sich in fünf Jahren? Wie würden Sie gern Ihren Alltag gestalten, wenn Sie von allen Pflichten befreit wären? Was macht Sie glücklich und würden Sie daher gern öfter tun? **Arbeiten Sie sich von einer groben Skizze bis zu den vielen schönen kleinen Details vor**. Anschließend übertragen Sie das Bild aus Ihrem Kopf in die verschriftliche Form, sodass Sie von Ihren Ideen in der Zukunft einfacher zehren können.

Um Ihnen beide Prozesse zu vereinfachen, sollten Sie sich an die

Visualisierung Ihrer Träume **an einem schönen entspannten Ort machen, an dem Sie nicht gestört werden**. Das Ganze hat etwas Meditatives und erfordert auch ein gewisses Maß an Konzentration. Machen Sie es sich zum Beispiel auf dem Sofa, in der Badewanne oder in einer Hängematte gemütlich und beginnen Sie zu träumen. Durch die positive Verknüpfung der Zukunft mit schönen Traumbildern, wird es Ihnen nach etwas Übung leichter fallen, entspannt und optimistisch in die Zukunft zu blicken.

4.2 GLAUBENSSÄTZE UMSCHREIBEN

Grübeln, sich Sorgen machen, negative, sich selbst umkreisende Gedankengänge erschöpfen und stehen einem gesunden Optimismus und damit der Resilienz entgegen. Negative Glaubenssätze in positive umzuwandeln, kann Ihnen helfen, den Gedankenspiralen zu entkommen. Zuerst sollten Sie negative Gedanken als solche erkennen. Beobachten Sie sich selbst. Wann kommen negative Gedanken auf? Was genau denken Sie dann? Nehmen Sie Abstand von der Situation und analysieren Sie Ihr Inneres und wie es sich auf Ihr Verhalten auswirkt. Methoden, die für diesen Schritt infrage kommen, finden Sie in den Kapiteln zur Selbstwahrnehmung und zur Selbstregulation. Anschließend gehen Sie aktiv gegen die hemmenden pessimistischen Mechanismen vor.

Als **Beispiel** für dieses Vorgehen soll ein Kundenberater bei einer Versicherungsfirma dienen, der bei der Psychologin Frau Wolf in die Therapie kam. **In den Therapiesitzungen übte er, seine negativen Selbstgespräche** („Bestimmt wird der nächste Kunde mir auch eine Abfuhr erteilen") **durch realistische Gedanken zu ersetzen**: „Ich weiß, dass nur ein gewisser Prozentsatz von Kunden eine Versicherung abschließt. Das heißt nicht, dass ich ein schlechter Verkäufer bin. Ich werde jetzt den nächsten Kunden anrufen. Ich werde weitere Abschlüsse tätigen, wenn nicht heute, dann morgen." **Er übte konsequent einen alternativen Gedanken ein, den er immer verwenden kann, wenn seine negativen, Angst erfüllenden**

Gedanken mit ihm davongaloppieren wollen und sein Selbstbewusstsein torpedieren.

Überlegen Sie sich ebenfalls einen alternativen, realistischen Glaubenssatz für Ihre Selbstgespräche. Lernen Sie ihn auswendig und wenn Sie von angsteinflößenden Gedanken – was gleich in einer bestimmten Situation alles passieren könnte – überrannt werden, dann schließen Sie vielleicht kurz die Augen und sagen Ihren Glaubenssatz wie ein Mantra vor sich hin. Da Sie nur in der Lage sind, sich auf einen Glaubenssatz zu konzentrieren, wird Ihre neue realistische Antwort auf Situationen, die Sie nervös machen oder Ihnen Angst einflößen, Sie dazu bringen, etwas optimistischer und selbstsicherer auf diese zuzugehen. Zudem wird Ihr Stresspegel gesenkt und Sie werden mit etwas Übung die Herausforderung schon bald deutlich besser bewältigen und auch Ihre Selbstwirksamkeitserwartung stärken.

Achten Sie bei Ihren positiven Glaubenssätzen darauf, dass Sie nicht einfach einen negativen Glaubenssatz verneinen. Dr. Setzwein erklärt anschaulich, was bei einer solchen Umschreibung passiert. Ärgern Sie sich regelmäßig über einen Kollegen und versuchen Sie, diesen Gedanken folgendermaßen optimistischer zu formulieren „Über den Idioten vom Support ärgere ich mich jetzt nicht mehr“, dann merkt sich Ihr Gehirn die Begriffe „Idiot“ und „ärgern“, da es die Verneinung in dem Kontext weniger wahrnimmt als diese Schlagworte. Besser wäre es daher zu sagen: „Mit dem Kollegen vom Support gehe ich in Zukunft gelassen um“.

In einer konkreten Situation, in der Ihnen Ihre pessimistische Grundhaltung auffällt, sollten Sie sich innerlich ein Stopp-Signal setzen. Überlegen Sie: „Entsprechen dieses Bild oder dieser Gedanke der Realität?“ und „Helfen Sie mir, mich angemessen der Situation zu stellen?“. Ist dies nicht der Fall, versuchen Sie, ein neues Bild oder neue Gedankengänge heraufzubeschwören, die mehr der Realität entsprechen.

Bei Nervosität vor einer Präsentation, die zu Ängsten führt, die das komplette Versagen vor den Augen aller heraufbeschwört, sollten Sie sich ein Bild von sich selbst malen, wie Sie vorn das erzählen, womit Sie sich vorher so intensiv beschäftigt haben. Kreieren Sie eine realistische Nachfrage und überlegen Sie sich eine Antwort. Während Sie sich gedanklich mit den Inhalten Ihrer Präsentation befassen, bei denen Sie Experte sind, können Sie keine weiteren Schreckensszenarien bauen und Sie werden weniger gestresst. Auch ein wenig Ablenkung kann helfen - zum Beispiel, indem Sie sich vorher mit einem netten Kollegen unterhalten.

Wichtig ist für Sie, dass Sie negative Gedanken stoppen und mit positiven Gedanken und Emotionen ersetzen. Sie bauen sich auf diese Weise einen **Schutzschild** vor (im schlimmsten Fall) krankmachenden Mechanismen wie chronischem Stress und Sie stärken dabei Ihre Resilienz. Fällt Ihnen die bewusste Kontrolle Ihrer negativen Gedanken und Gefühle sehr schwer, kann es helfen, an Ihrer Selbstregulation zu arbeiten. **Es gibt einige Techniken, die Sie unterstützen, sich selbst zu kontrollieren und Sie dazu befähigen, Ihren Optimismus zu trainieren.**

4.3 DANKBARKEIT

Erfreuen Sie sich an den vielen schönen Dingen des Lebens. Wenn Sie Dankbarkeit für etwas empfinden, ziehen Sie nachhaltig Nutzen aus der angenehmen Erinnerung an dieses positive Ereignis in Ihrem Leben. Dankbarkeit hilft Ihnen, optimistisch in Ihre Vergangenheit zu sehen und diese Art des Blickes auch für Ereignisse in der Zukunft zu schärfen. Dankbar können Sie für viele Dinge sein und Sie können auch auf vielfältige Weise Ihrer Dankbarkeit Ausdruck verleihen.

Sie dürfen dankbar für bestimmte Person in Ihrem Leben sein. Der Business-Coach Uli Gerber schlägt vor, einen Dankesbesuch bei einem Menschen zu machen, der Ihnen besonders am Herzen liegt. „Ihre Aufgabe besteht darin, einen Dankesbrief an eine Person zu schreiben und diesen

Brief persönlich zu überbringen. Der Brief sollte ganz konkret und etwa eine Seite lang sein. Sagen Sie ganz spezifisch, was dieser Mensch für Sie getan hat und wie das Ihr Leben beeinflusst hat. Nun besuchen Sie diese Person und sagen Sie nicht, worum es dabei genau geht. Das Ganze macht sehr viel mehr Spaß, wenn es eine Überraschung ist." Diese Übung lässt gemeinsam erleben, wie wichtig gute Beziehungen sind, stärkt Ihre Bindung zu der Person und sorgt gleichzeitig für ein weiteres sehr schönes Erlebnis, für das Sie dankbar sein können.

Sich über die kleinen Dinge bewusst zu freuen, kann Ihnen ebenfalls helfen, positiver in die Welt zu schauen. Auch wenn Sie gerade oft gestresst und schlecht gelaunt sind, versuchen Sie trotzdem, positive Dinge zu sehen, für die Sie heute dankbar sind. Vielleicht scheint bei Ihnen die Sonne und Sie treten ein wenig in das Licht, schließen die Augen und genießen für zwei Minuten die Wärme auf Ihren Augenlidern. Auch wenn Sie anschließend zum nächsten Termin hetzen müssen, kann Ihnen die bewusste Erfahrung samt den Dankbarkeitsgefühlen eine ordentliche Portion Kraft für die Fokussierung auf optimistische Gedanken geben.

Im Alltag nehmen wir häufig viele Dinge als selbstverständlich und gegeben hin. Viele dieser Dinge werden Ihnen erst dann fehlen, wenn Sie nicht mehr vollständig über diese verfügen. Erst wenn eine Situation durchlebt wird, wie Krankheit oder Armut, lernen viele Menschen den wahren Wert von Gesundheit und zum Beispiel regelmäßigen Mahlzeiten kennen. Doch es braucht eigentlich gar nicht immer die Erfahrung von Verzicht, wenn es um Dankbarkeit geht.

Sie können Ihren Blick auch schulen, um für mehr in Ihrem Leben dankbar sein zu können. Wie sinnvoll das ist, haben wissenschaftliche Studien bewiesen, laut diesen ist echte Dankbarkeit eines der stärksten Gefühle zur Empfindung von Glück. Diese Glücksgefühle lassen Sie wiederum optimistischer werden und schützen Sie zudem vor negativen Emotionen. Auch in Bezug zur Dankbarkeit ist es sinnvoll, die **Methode der Visualisierung** zu nutzen.

Nehmen Sie sich Zeit, zum Beispiel fünf Minuten, um zu überlegen, wofür Sie dankbar sind. Das können, wie schon beschrieben, bestimmte Menschen sein, aber auch die Umstände, in denen Sie leben, oder schöne Ereignisse. Lassen Sie sich im Anschluss noch ein wenig Zeit und denken Sie darüber nach, was all diese Dinge für Ihr Leben bedeuten. Sie werden merken, es stellt sich ein Gefühl der Dankbarkeit bei Ihnen ein. Genießen Sie es ein wenig, bevor Sie wieder in Ihren Alltag einsteigen. Wiederholen Sie diese Übung regelmäßig. Vielleicht fällt Ihnen auch etwas Neues ein. Aber selbst wenn nicht, dann können Sie diese Dankbarkeitsglücksgefühle immer wieder abrufen und sich durch diese eine positivere Grundhaltung antrainieren.

4.4 ERFOLGE FEIERN

Durch eine bewusstere Kenntnisnahme des Moments, in dem Sie leben, ermöglichen Sie sich auch die Anerkennung Ihrer Anstrengungen. Wenn Sie sich bewusst machen können, wie sich Ihre Anstrengungen auszahlen, können Sie sich im nächsten Schritt Ihre Verdienste anrechnen lassen. Auf diese Weise schaffen Sie die Grundlage für die Gefühle, die sich einstellen, wenn Sie etwas Tolles geschafft haben. Um diesen Effekt zu verstärken, sollten Sie sich angewöhnen, Ihre Erfolge angemessen zu feiern.

Teilen Sie das Erfolgsgefühl mit anderen und etablieren Sie in Ihrem Freundeskreis eine Kultur, in der jeder für seine Verdienste und Stärken wertgeschätzt wird. Die positive Wirkung auf Ihre Psyche und einen optimistischeren Blick auf das Leben sind bewiesen. „Wer Erfolge feiert, macht positive Erfahrungen und die sorgen für einen Glücksboost“ (Bossmann). Dieser Glücksboost hängt mit dem Gefühl des Stolz-auf-sich-seins zusammen.

Sie erzielen tagtäglich Erfolge. Sie gehen trotz Müdigkeit noch eine Runde um den Block, Sie bleiben ruhig, wenn das Kind schreit, und leisten auf der Arbeit, was so kein anderer schafft. Diese alltäglichen Erfolge müssen nicht mit einem rauschenden Fest gefeiert werden, aber sie sollten gewürdigt werden. Dies geschieht häufig nicht durch die Personen in Ihrem Umfeld, die Ihre alltäglichen Leistungen nicht mehr als Errungenschaften wahrnehmen, sondern als normal. Daher sind Sie an dieser Stelle gefragt.

Seien Sie stolz auf sich und Ihre wunderbaren Leistungen, die Sie heute errungen haben. Nehmen Sie sich am Abend Zeit, Ihre Erfolge in einem Tagebuch zu notieren. Es ist gar nicht schlimm, wenn sich Erfolge doppeln. Es ist sogar bewundernswert, wenn Sie drei Tage hintereinander das schreiende Baby oder den nervigen Kollegen ausgehalten haben. Ebenso ist das tägliche Erreichen Ihrer Etappenziele bei einem Arbeitsprojekt eine große Leistung. Sie verweist auf viele Ihrer, Sie stärkenden Eigenschaften wie Ihr Durchhaltevermögen oder Ihre Motivationsfähigkeit. Indem Sie Ihre Leistungen würdigen, stärken Sie zudem Ihr Selbstbewusstsein und Ihre Selbstwirksamkeit und all diese Aspekte stärken im Zusammenspiel auch Ihre Resilienz.

4.5 PERFEKTIONISMUS ÜBERWINDEN

Perfektionismus steht vielen Menschen im Weg, wenn Sie zügig und effizient eine Aufgabe erledigen wollen. **Unter Perfektionismus ist in diesem Fall der Mechanismus gemeint, der abläuft, wenn jemand krampfhaft versucht, seinen eigenen hohen Ansprüchen zu genügen, an einer aus verschiedenen Gründen sehr hoch angesetzten Messlatte scheitert und es ihm durch diese Eigenschaft zunehmend schlecht geht.** Abzugrenzen ist dies von dem Ehrgeiz, sich immer weiter zu verbessern und aus Fehlern lernen zu wollen.

Eingefleischte Perfektionisten leiden unter ihren Fehlern, sie fühlen sich in solchen Fällen wie Versager, was zu einem geringen Selbstvertrauen führt, und sie zeigen Anzeichen einer geringen Resilienz. Sie wollen auf keinen

Fall ihre Schwächen vor anderen zeigen. Durch ihre überhöhten Ansprüche müssen sie viel arbeiten, was schnell in Stress mündet, und sind gleichzeitig nicht mit den erzielten Ergebnissen zufrieden.

Häufig gieren sie auch nach Anerkennung von außen, da sie nicht in der Lage sind, diese selbst zu würdigen. Diese starke Abhängigkeit, zum Beispiel vom Lob des Chefs, ist dann noch zusätzlich schädigend. „**Perfektionismus reduziert den Menschen auf seine (fehlerlose) Funktion, auf seine (tadellose) Leistung**“, fasst Bonelli zusammen. „**Das Missverhältnis zwischen dem Soll- und dem Ist-Zustand sei für zwanghafte Perfektionisten unerträglich**“ (Schölgens). Einen übermäßigen Perfektionismus, der Sie in Ihrem Leben einschränkt, gilt es daher zu überwinden. Zu diesem Zweck gibt es einige Tricks, die Ihnen helfen, Ihre Vorstellungen an sich selbst etwas herunterzuschrauben und realistischer zu gestalten.

Zuerst ist es sinnvoll, die zugrundeliegenden Ängste zu identifizieren. Perfektionismus entsteht zum Beispiel häufig aus der Angst heraus, nicht gut genug zu sein. Auf dieser Grundlage kann die Angst Schritt für Schritt behoben werden, sodass der Drang zum Perfektionismus mit der Zeit nachlassen sollte. Dazu sollten Sie sich **konkrete Ziele setzen**. Verzetteln Sie sich regelmäßig bei den Details eines Projektes, weil Sie bei der anschließenden Präsentation bloß keine Angriffsfläche haben wollen, dann versuchen Sie, sich eine **realistische Endvorstellung des Projektes als Ziel zu setzen**.

Dieses splitten Sie in **Zwischenziele** auf und setzen sich Deadlines für diese. Auch wenn Sie mit den Zwischenergebnissen nicht zufrieden sind, gehen Sie zum nächsten Teil über. Dabei kann es helfen, Ihre Teammitglieder in Ihren Plan einzuweihen, sodass diese Sie bei Bedarf an Ihren Zeitplan erinnern können. Zum Schluss überarbeiten Sie Ihre Ergebnisse. Doch auch dabei sollten Sie stets das Endergebnis im Blick behalten. Wenn Sie Angst vor der Präsentation der Ergebnisse oder vor möglicher Kritik haben, wenden Sie Entspannungstechniken an. Einige werden in verschiedenen Teilen dieses Buches vorgestellt. Sie können zum Beispiel eine Atemübung durchführen.

Vor, während und nach dem Projekt sollten Sie auf Ihre innere Haltung gegenüber sich selbst achten. Merken Sie, wie Sie innerlich scharf mit sich ins Gericht gehen, an jeder Kleinigkeit rummäkeln oder sich vernichtende Kritik vom Chef vorstellen, dann nutzen Sie die Techniken aus „4.1 Visualisierung positiver Gedanken und Emotionen" und „4.2 Glaubenssätze umschreiben". Auf diese Weise wird es Ihnen leichter fallen, sich realistische Erwartungen zu schaffen. Seien Sie zudem gnädig mit sich selbst und versuchen Sie, Vergleiche mit anderen zu vermeiden. **Um gegen Kritik an Ihrer Arbeit besser gewappnet zu sein, gibt es ebenfalls Methoden**. Zuallererst kann es sinnvoll sein, an Ihrem Selbstwertgefühl zu arbeiten. **Wer seinen Eigenwert kennt und schätzt, kann sich entspannter mit Kritik auseinandersetzen, ganz egal, ob diese angebracht war oder nicht.** Außerdem gibt es einige Schritte, an die Sie sich halten können, wenn Kritik an Ihnen geäußert wird.

Hören Sie genau zu, was Ihr Kritiker zu sagen hat, welche Argumente er hervorbringt und wie er diese begründet. Hochwertige Kritik ist dazu gedacht, Sie weiterzubringen. Indem Sie gut zuhören, können Sie eine solche gute Kritik identifizieren und die Kritikpunkte für Ihre Selbstreflexion verwenden. Haben Sie etwas nicht verstanden oder wollen einen Punkt noch einmal genauer erläutert haben, **scheuen Sie sich nicht, bei Ihrem Gegenüber nachzufragen.**

Auch wenn Sie häufig dazu tendieren, Kritik persönlich zu nehmen, versuchen Sie, sich zu distanzieren. Stellen Sie sich vor, die Kritik würde einem guten Freund gegeben werden. Anschließend überlegen Sie sich so sachlich wie möglich, welche Aspekte des Feedbacks sich besonders dazu eignen, aus den gemachten Fehlern zu lernen. Haben Sie alles verstanden und kurz reflektiert, sollten Sie **sich für eine angemessene Reaktion auf diese Kritik entscheiden.**

Halten Sie sie für angebracht, können Sie sich bei Ihrem Kritiker bedanken. Ist die Kritik aus der Luft gegriffen und soll ziemlich eindeutig zu Ihrer Diffamierung dienen, dann sollten Sie diese sachlich verneinen. Dazu können Sie auch jemanden Vertrauten im Raum fragen, wie er oder sie diese Kritik einordnen würde. Sie müssen sich nicht alles gefallen lassen. Ist die Kritik dazu gedacht, Sie lächerlich zu machen, ist manchmal auch eine schlagfertige Antwort angebracht, wenn Sie sich so etwas zutrauen. In seltenen Fällen können Sie auch sagen, dass Sie auf diesen Kommentar nichts erwidern werden, um dem Inhalt, zum Beispiel einer rassistischen Beleidigung, keinen Raum zu gewähren, Sie müssen nicht mit jedem diskutieren.

Versuchen Sie, Ihre Einstellung zu sachlicher und zielführender Kritik optimistischer zu gestalten. Betrachten Sie sie als Hilfestellung für die Zukunft und nutzen Sie den gemachten Fehler als Motivation, sich beim nächsten Mal die Kritik zu Herzen zu nehmen und den genannten Aspekt zu verbessern. Versuchen Sie darüber hinaus zu analysieren, was an Ihrem gesamten Vortrag gut war.

Wurden drei Dinge explizit gelobt und zwei leicht kritisiert, war der Rest für Ihr Publikum zufriedenstellend. Es steht also nicht drei zu zwei, sondern ganz viel, vielleicht 20, zu zwei. Achten Sie auf die Perspektive bei Ihrer Reflexion, gehen Sie nicht achtlos über die nicht als erwähnenswerten bedachten Aspekte hinweg. Freuen Sie sich konsequent über alles, was gut gelaufen ist. Für die Zukunft nehmen Sie auf diese Weise mit, dass Sie gute Arbeit geleistet haben und beim nächsten Mal zwei Aspekte verändern sollten.

5. Lösungsorientierung

Diese innere Haltung gegenüber Herausforderungen und Problemen macht eine weitere Säule der Resilienz aus. Sie beschreibt die Grundeinstellung und die dazugehörigen Fähigkeiten, sich nicht auf das Problem und seine Schwierigkeiten, sondern auf den Zielzustand und die dahin führenden Schritte fokussieren zu können. „Der lösungsorientierte Ansatz hat seine Wurzeln in der lösungsorientierten Kurzzeittherapie von Steve de Shazer und Insoo Kim Berg. Diese Form der Gesprächstherapie entstand aus der Idee, in der Therapie die persönlichen Ressourcen zu stärken und Lösungen zu finden, anstatt die Probleme und ihre Ursachen zu analysieren" (Heller).

Durch bestimmte Fragen wie „Was funktioniert gut? Wie kann ich mehr davon tun? Wenn etwas trotz Anstrengung nicht funktioniert, was kann ich stattdessen ausprobieren?" wird eine Person dazu ermuntert, selbstständig nach Lösungen zu suchen. Der Fokus der Denkweise bei einem auftretenden Problem soll verschoben werden. Anstatt viel Energie mit der Analyse des Problems und der möglichen negativen Effekte zu verschwenden, soll eine Lösung samt Lösungsweg erdacht werden.

Shazer verbildlicht diese Verschiebung folgendermaßen: „Er vergleicht die Lösungsorientierung mit einem Dietrich. Um ein Schloss zu öffnen, ist es weder erforderlich zu wissen, wie das Schloss von innen aussieht, noch wie der Schlüssel geformt ist. Ein Dietrich kann es trotzdem öffnen" (Mauritz). Die Erkenntnis, dass es nicht eine wahre Lösung für ein Problem gibt, ist zentral für diesen Ansatz. Es soll sich von dem Problem distanziert werden und das Erlernen von Lösungsstrategien rückt in den Vordergrund.

Wenn ein Problem auftaucht, macht dieses erst mal unzufrieden. Es bedeutet viel Arbeit und bei manchen Menschen schleicht es sich in das

Unterbewusstsein, sodass es Tag und Nacht den Verlauf der Gedanken mitbestimmt. Wenn ein Mensch vor allem problemorientiert denkt, kann er fast nur das Negative an einer Situation sehen. Besonders eine Versteifung auf diese Sichtweise ist jedoch hinderlich, da sie die benötigten Ressourcen aufbraucht, die eigentlich für die Lösung des Problems benötigt werden. Stress und Leistungsdruck verstärken häufig diese Fokussierung auf die bestehenden Probleme. Ein gestresster Mensch verfällt in so einer Situation leichter dem Tunnelblick und ist weniger offen für Lösungen.

Diese Haltung, die zu mehr Stress und meist zu einem längeren Bestehen des Problems, samt seinen Effekten auf Ihr Leben, führt, sollten Sie vermeiden. Indem Sie sich eine lösungsorientierte Haltung aneignen, legen Sie einen weiteren Grundstein für mehr Resilienz und ein weniger stressiges Leben. **„Die Wirksamkeit des lösungsfokussierten Ansatzes steht heute außer Diskussion, ebenso wie seine universelle Anwendbarkeit ganz unabhängig von spezifischen Anliegen und konkretem Lebenskontext“ (Istituto Marco Ronzani).**

Aus diesem Grund gehört das lösungsorientierte Coaching zu den besonders erfolgreichen Coachingarten, da es nachhaltig den Fokus auf die Möglichkeiten des Menschen richtet. Zusätzlich setzt es sich die selbstständige Beherrschung der eigenen Haltung zu Problemen und Lösungen zum Ziel. Die dafür verwendeten Methoden können auch Sie für sich zu Hause anwenden, um insgesamt resilienter zu werden.

Es braucht einige weitere Resilienzfaktoren für die erfolgreiche Umsetzung dieser Haltung im realen Leben. So erfordert eine lösungsorientierte Haltung ein hohes Maß an Selbstständigkeit. Nur wer selbst seinen Fokus verrückt, kann nachhaltig eigenständig nach Lösungen suchen und sich von Problemen distanzieren. Diese Distanzierung erfordert in manchen Fällen eine gute Emotionsregulation. Die Selbstregulation ist daher eine der grundlegendsten Fähigkeiten, die zu einem Mindestmaß vorhanden sein sollte, um die Haltung erfolgreich zu erreichen. Auch eine optimistische Grundhaltung erleichtert lösungsorientiertes Denken, da vermehrt das

Positive, also die Handlungsmöglichkeiten gesehen werden.

Wenn ein Mensch sich mit der Zeit immer mehr Lösungsstrategien durch seine eigene Arbeit aneignet, kommt zudem das Prinzip der Selbstwirksamkeit zum Tragen und je weniger jemand sich durch das Problem einschüchtern lässt und auf einen positiven Ausgang vertrauen kann, desto optimistischer wird diese Person. Zusammenfassend trainiert Ihre lösungsorientierte Haltung die Fähigkeiten und Haltungen, die es braucht, um Ihre Resilienz zu stärken. Dies wiederum führt zu einer Verbesserung der Lösungsorientierung.

5.1 DIE GRUNDPRINZIPIEN DER LÖSUNGSORIENTIERUNG

Es werden fünf Prinzipien ausgemacht, die im Zusammenspiel zu einer lösungsorientierten Haltung führen. Diese Prinzipien spiegeln die wichtigsten Schritte zur Erzeugung von Lösungen wider.

5.1.1 Die Trennung von Problem und Lösung

Dieses Prinzip zielt auf die Annahme ab, dass die Lösung nicht zwangsläufig direkt mit dem Problem zusammenhängen muss. Dazu machen Sie sich ein Bild, wie die Lösung aussehen soll. Sie beschreiben folglich, was anders sein wird, wenn das Problem gelöst und der erwünschte Zustand erreicht ist. Notieren Sie den erwünschten Zustand. Anschließend arbeiten Sie sich von dem Zukunftszustand in Richtung Gegenwart vor. Sie sollten sich fragen: „Was muss ich tun, um den nächsten Schritt Richtung Wunschvorstellung zu gehen?“, „Welche Fähigkeiten brauche ich, um den erwünschten Zustand zu erreichen?“. Denken Sie dabei die ganze Zeit von der Lösung her und betrachten Sie das Problem nicht als ein Hindernis, sondern als einen bestehenden Zustand, den Sie in einen von Ihnen definierten neuen Zustand umändern wollen. Die Analyse des Problems spielt bei diesem Vorgehen absolut keine Rolle. Ihr Problem wird auf diese Weise zur Grundlage für Ihre Lösung und verliert im besten Fall einiges von seinem Schrecken.

Dieser Schritt der Trennung hat noch einen weiteren Vorteil für Sie. Wenn Sie sich durch die künstlich hergestellte gedankliche Entfernung vom Problem auch emotional distanzieren können, wird es Ihnen leichter fallen, klar und mit Bedacht zu denken. „Stecken Sie mittendrin, wird es Ihnen schwerfallen, einen Ausweg zu erkennen“ (Mai).

5.1.2 Das Prinzip der Konstruktivität

Auch bei diesem Prinzip geht es um die Zukunft. Es geht davon aus, dass die Zukunft bei der Lösungsorientierung als Kontext verstanden wird, der von Menschen erschaffen wird. **„Gegenwart und Zukunft werden nicht zwingend als Ergebnis der Vergangenheit verstanden, sondern als Erzeugnis unserer Vorstellungen über die Zukunft. Menschen bekommen damit Einfluss auf ihr Schicksal und es entsteht Optimismus, Zuversicht und Gestaltungskraft“ (Istituto Marco Ronzani).**

Mithilfe einer Konstruktion der Zukunft wird Ihre Haltung und somit auch Ihr Verhalten in dem Moment, in dem Sie sich die Zukunft denken als auch in der darauffolgenden Zeit, beeinflusst. Dieses Zukunftskonstrukt kann Ihnen dabei helfen, optimistischer in die Zukunft zu schauen und an Ihre Fähigkeiten zur Lösung des Problems zu glauben. So können Sie allein durch Ihre Vorstellungskraft Ihre Situation ein wenig verbessern. Sie dürfen keine Wunder erwarten, aber dieser Effekt ist wissenschaftlich bewiesen. Auch Sie sollten ausprobieren, welche Auswirkungen die Anwendung dieses Prinzips auf Sie hat.

Nutzen Sie bei der praktischen Anwendung die Techniken der Visualisierung. Lassen Sie Ihre Zukunftsvorstellung in Ihrem Kopf oder auch auf Papier lebendig werden und profitieren Sie so von den positiven Auswirkungen auf Ihre Resilienz.

5.1.3 Das Prinzip der Zirkulation

Dieses Prinzip beachtet die Begleiteffekte, die beim Lösen eines Problems entstehen können. Der Weg zum Ziel verläuft in den seltensten Fällen immer geradlinig, da weder das Problem noch die Lösung in einem luftleeren Raum bestehen. Ihr Leben in all seiner Vielfalt spielt sich in einer Umwelt ab, die auf Sie und Ihre Entscheidungen reagiert.

Sie sollten die Umwelt und die Art und Weise, wie sie sich verändert, daher beim Lösen Ihres Problems immer einbeziehen. Manchmal erleichtert dieser Effekt die Problemlösung. So verschwinden manche Probleme fast von selbst, da sich die äußeren Umstände ändern. Manchmal erschweren externe Effekte jedoch auch die Umsetzung Ihrer Strategie. Je realistischer Sie Ihre Umwelt also mitdenken, desto besser können Sie an das Problem herantreten und es im Anschluss effektiver lösen.

5.1.4 Das Prinzip der Ressourcenorientierung

Dieses Prinzip nimmt besonders Ihre Fähigkeiten in den Blick, die es braucht, um Ihr Problem zu lösen. Bei der Suche nach Lösungen stimmen Sie nach diesem Prinzip das Angebot nach den Fähigkeiten, Beziehungen und Erfahrungen ab. Diese stecken den Rahmen Ihrer Möglichkeiten ab. Folglich gilt: Je mehr Ressourcen Sie für Lösungen aufbringen, desto mehr Möglichkeiten haben Sie auch.

Um wirklich alle Ihre verfügbaren Ressourcen nutzen zu können, müssen Sie gut über diese Bescheid wissen. Eine gute Selbstkenntnis und Selbstwahrnehmung sind daher an dieser Stelle äußerst hilfreich. Auch in diesem Fall lenken Sie Ihren Fokus weg von dem Problem hin zu dem, was Sie für die Lösung mitbringen.

5.1.5 Das Prinzip der Veränderung

„Auch schon kleine Veränderungen können zu großen Veränderungen führen“ (Mauritz). Streben Sie daher keine großen kraftraubenden Umschwünge an, sondern gehen Sie langsam aber dafür effektiv vor. Die vermeintlich kleinen Veränderungen können sich in ihrer Wirkung nämlich gegenseitig vervielfachen. Nutzen Sie diesen Effekt, indem Sie die Prozesse, die bei Ihrem Weg zu einer Lösung häufig auftreten, genauer analysieren und anschließend gezielt einsetzen. Nach diesem Prinzip zu handeln, mag auf den ersten Blick zwar unlogisch wirken, schließlich wollen Sie so schnell wie möglich zur Lösung kommen und müssen dafür viel tun. Doch ein bedachtes Vorgehen, bei dem Sie zu Anfang Ihre Kräfte sparen und überprüfen, wie sich Ihre Schritte auf die Gesamtsituation auswirken, wird Ihnen den Weg deutlich erleichtern und Ihre Ressourcen schonen.

5.2 DIE GRUNDREGELN DES LÖSUNGSORIENTIERTEN HANDELNS

Zu einer lösungsorientierten Haltung gehören bestimmte Verhaltensmuster, die Ihnen helfen werden, die Lösungsorientierung in Ihr praktisches Handeln einzubinden. Die drei Grundregeln helfen Ihnen, einen Rahmen für lösungsorientiertes Handeln abzustecken.

5.2.1. Wenn etwas funktioniert, dann reparieren Sie es nicht

Diese Regel scheint einfach umsetzbar, jedoch ist es in einer Welt, in der jeder und alles optimiert werden kann, gar nicht mehr so einfach, etwas als gut zu erkennen und es dabei zu belassen. Analysieren Sie, was um Sie herum gut funktioniert. Haben Sie etwa ein Problem bei der Kommunikation mit einem bestimmten Kollegen, dann schauen Sie auch, wo die Kommunikation mit anderen an Ihrem Arbeitsplatz gut funktioniert. Stellen Sie fest, dass Sie bei der Kommunikation mit allen anderen Kollegen oder mit den Kunden keine Probleme haben, dann analysieren Sie genau, warum es dort so gut klappt. Halten Sie am besten schriftlich fest: „Welche meiner Kommunikationsstrategien funktionieren bei den meisten Kollegen gut?".

Das daraus resultierende Verhalten sollten Sie dann auch nicht ändern. Je besser Sie differenzieren, das funktioniert immer gut, jenes nur bei bestimmten Personen und auf etwas anderes habe ich schon mehrfach negative Rückmeldungen bekommen, desto einfacher können Sie gut Funktionierendes auch erhalten. Für diese Schritte ist das Training der Selbstwahrnehmung von Vorteil. Lernen Sie, Ihre Stärken wertzuschätzen und schon werden Sie sich diese Grundregel viel besser zu eigen machen können. Denn was Sie an sich zu schätzen gelernt haben, das werden Sie auch nicht durch „unnötige“ Reparaturen wegwerfen.

5.2.2 Wenn etwas gut funktioniert, dann machen Sie mehr davon

Der nächste Schritt ist, Ihre nachweislich zum Erfolg führenden Ressourcen zu vermehren. Haben Sie das Joggen oder die Meditation als Entspannungsmethode für sich entdeckt, dann nutzen Sie die Technik, um einen Ausgleich in stressigen Phasen zu haben. Auch wenn es besonders in Stresssituationen anstrengend erscheinen kann, sich noch etwas vorzunehmen, so machen doch die positiven Effekte diese Extraanstrengung um ein Vielfaches wett. Profitieren Sie von Ihrem Erfahrungsschatz und wenden Sie gerade zu schlechten Zeiten gezielt Ihre erfolgreichen Strategien zur Stress- oder Problembewältigung an.

5.2.3 Wenn etwas nicht funktioniert, dann machen Sie etwas anderes oder anders

Auch hier greifen Sie auf Ihren wertvollen Erfahrungsschatz zurück. Machen Sie sich bewusst, was in der Vergangenheit nicht funktioniert hat. Treten Sie in bestimmten Situationen auf der Stelle, weil Sie über keine funktionierenden Lösungsstrategien verfügen? Dann machen Sie ab jetzt, wenn Sie wieder in diese Lage hineingeraten, etwas fundamental anders. Werden Sie gern auch mithilfe von Freunden oder Kollegen kreativ und überlegen Sie sich Lösungen. Natürlich stellt das eine große Herausforderung dar und führt auch nicht immer direkt zum Erfolg. Doch indem Sie sich von eingefahrenen, nicht funktionierenden Mustern lösen, machen Sie den ersten Schritt in Richtung einer ausführbaren Lösung.

6. Verantwortungsbewusstsein

In dem Bereich des Verantwortungsbewusstseins spielen mehrere Aspekte eine Rolle. **Wer Verantwortung übernimmt, ist verantwortlich für sich selbst, seine Taten und Entscheidungen. Wenn Sie bereit sind, Verantwortung zu übernehmen, befähigen Sie sich selbst dazu, eigenverantwortlich zu handeln.** Sie nehmen sich selbst in die Pflicht, wenn Sie etwas verbockt haben, können aber genauso stolz sein, wenn Sie zum Beispiel die Verantwortung für ein erfolgreiches Unternehmen tragen.

Die Verantwortung für etwas zu übernehmen, geht somit häufig mit einer Machtzunahme und gleichzeitig einem höheren Risiko einher, die Schuld für die Konsequenzen tragen zu müssen, wenn etwas innerhalb Ihres Verantwortungsbereichs nicht funktioniert. Die Übernahme von Verantwortung für mehr Aufgaben kann also mit einer Zunahme von Druck einhergehen, unbedingt alles richtig machen zu wollen und Fehler unbedingt zu verhindern.

Wenn Ihr Gewissen – als Spiegel Ihrer moralischen Pflichten – Sie an zu hohen moralischen Normen misst, kann dies Ihre Motivation drücken und in Ihnen ein kontinuierlich schlechtes Gefühl der Schuld auslösen. Außerdem kann dieser Druck zu Stress und zum Perfektionismus führen. Können Sie jedoch gut mit Verantwortung umgehen, kann Ihr Verantwortlichkeitsgefühl zu einem Motor für Ihre Motivation und Ihr Durchhaltevermögen werden.

Wenn Sie sich eine Haltung angeeignet haben, in der Ihnen das Übernehmen von Verantwortung leichtfällt, sehen Sie ebenfalls, dass Sie selbst für Ihr Wohlbefinden zuständig sind. Das macht Sie unabhängiger und selbstständiger. Neben der Verantwortung für zum Beispiel ein bestimmtes Projekt braucht es für eine resiliente Persönlichkeit noch die Bereitschaft zur Eigenverantwortung. Wenn Sie Verantwortung für sich selbst übernehmen können, warten Sie nicht darauf, dass jemand anderes, beispielsweise Ihr Partner, erkennt, was Sie brauchen. Stattdessen erkennen Sie mit dieser eigenverantwortlichen Haltung, dass Sie das Bedürfnis mitteilen müssen, damit es gestillt wird. Dies verbessert Ihre Fähigkeiten zur Kommunikation und zum Zusammenleben und -arbeiten mit Ihren Mitmenschen.

Ebenso steht der eigenverantwortliche Teil der Säule des Verantwortungsbewusstseins für die Achtung Ihrer Gesundheit und das Anstreben einer guten Work-Life-Balance. **Nur wer sich seiner Verantwortung für sich selbst bewusst ist, kann gute Entscheidungen treffen.** Dazu gehört der Aspekt auch mal „Nein“ sagen zu müssen, weil Sie erkennen, dass Sie der zu dem Auftrag gehörenden Verantwortung nicht gerecht werden können.

Im besten Fall geht die Erhöhung der Verantwortung gegenüber Ihrem Umfeld und sich selbst mit einer Steigerung Ihrer Resilienz einher. Wenn Ihnen in Ihrer Kindheit, Jugend und als Erwachsener langsam immer mehr Verantwortung übertragen wurde, konnten Sie nach und nach lernen, damit umzugehen, und Sie konnten angemessene Strategien entwickeln, um der jeweiligen Verantwortung gerecht zu werden.

Ihr Gewissen fungiert in einem angemessenen Rahmen als Antreiber, Ihre moralischen Pflichten zu erfüllen und bei Nichterfüllung die Schuld auf sich zu nehmen. Durch die aufrichtige Übernahme der Verantwortung vor Ihrem Umfeld zeigen Sie persönliche Stärke, sodass die Mechanismen, die zur Bestrafung von Schuldigen gedacht sind, weniger stark eingesetzt werden.

Im Extremfall, wenn ein Verantwortlicher durch eine Tat einen erheblichen Schaden ausgelöst hat, landet der Fall vor Gericht. Gesteht der oder die Angeklagt seine/ihre Schuld ein, dann wirkt sich das häufig strafmildernd aus. Dieses Beispiel greift nur bei schlimmen Schäden, soll Ihnen aber die positive Funktion Ihres Verantwortungsbewusstseins in Ihrem Leben vor Augen führen.

6.1 VERANTWORTUNG ÜBERNEHMEN

Eigenständig Entscheidungen zu treffen, Fehler einzugestehen und mit Macht umgehen zu können: Diese Fähigkeiten gehen mit dem Verantwortungsbewusstsein einher. Die Verantwortung in einem bestimmten Umfeld mit einem guten Gewissen übernehmen zu können, fällt jedoch nicht jedem leicht.

Sie kennen bestimmt auch Menschen, die gern Entscheidungen treffen und über Macht verfügen, aber wenn es um das Eingestehen von Fehlern geht, ganz schnell auf andere zeigen und die Verantwortung von sich weisen. Dieses feige Verhalten kann zum Beispiel innerhalb eines Teams Beziehungen zerstören und eine gute Zusammenarbeit stark erschweren.

Ebenso ist es nicht gut, wenn jemand nie bereit ist, die Verantwortung für zum Beispiel die Leitung eines Projektes zu tragen. Dieses Verhalten geht häufig mit einer geringen Selbstwirksamkeitserwartung oder einem geringen Selbstbewusstsein einher. Jedoch kann es bei einem gemeinsamen Projekt vonnöten sein, dass jedes Gruppenmitglied die Verantwortung für einen bestimmten Bereich trägt, damit die Arbeit fair verteilt ist.

Duckt sich eine Person immer weg, dann müssen die anderen mehr Verantwortung übernehmen und tragen auch die möglichen Kosten wie einen vermehrten Zeitaufwand. Dass eine solche Dynamik auf Dauer schädlich für die Zusammenarbeit ist, ist selbsterklärend. Wer sich also nie in der Lage sieht, Verantwortung zu tragen, wird schneller als faul oder unkollegial wahrgenommen und auch so behandelt, was die zugrundeliegenden Probleme der Person häufig noch verstärkt.

Auch wenn die Übernahme von Verantwortung Mehraufwand und höhere Risiken einschließt, so hat sie auch viele gute Seiten. Überträgt Ihnen zum Beispiel Ihr Chef die Verantwortung für ein neues Projekt, dann ist dies der Beweis seines Vertrauens in Ihre Fähigkeiten. Indem Sie nach und nach mehr Verantwortung übertragen bekommen, können Sie sich beweisen und werden **bei Erfolg** womöglich bald für eine **Beförderung** vorgeschlagen.

Außerdem ergeben sich durch neue Verantwortungsbereiche Möglichkeiten, Ihre **Fähigkeiten weiter auszubauen**. Nur indem Sie sich den neuen Herausforderungen stellen, können Sie wachsen und Ihre Resilienz stärken. Je mehr Verantwortung Sie zum Beispiel innerhalb eines Unternehmens übernehmen dürfen, desto **mehr** dürfen Sie auch **mitbestimmen**. Sie können **Vorschläge einbringen und Arbeitsabläufe verändern.**

Indem Sie diese Kompetenzen nutzen und anderen zeigen, **erhöhen** Sie Ihr **Ansehen und** nach und nach auch Ihr **Selbstbewusstsein**. Durch ein gesundes Verantwortungsbewusstsein, das sich in Ihrem Handeln niederschlägt, nehmen Sie die richtige Haltung ein, um gute Leistungen zu erbringen und sich das Ansehen Ihres Umfeldes zu erarbeiten.

Zeigen Sie Verantwortungsbewusstsein, erarbeiten Sie sich Vertrauen. Das ist nicht immer angenehm, besonders wenn es bedeutet, für einen Fehler geradestehen zu müssen. Indem Sie sagen: „Ja, das war mein Fehler und das tut mir leid“, ziehen Sie im ersten Moment zum Beispiel die Wut Ihres Vorgesetzten auf sich. Diese können Sie jedoch ein wenig abmildern, indem Sie Ihre Bereitschaft zeigen, eine Lösung für die Situation zu suchen. Auf lange Sicht (solange Ihre Arbeit nicht übermäßig schlecht ist) wird Ihr Chef erkennen, dass auf Sie Verlass ist und Sie ehrlich und authentisch sind. Diese Zuschreibung ist deutlich empfehlenswerter, als wenn Sie sich wegducken, Ihre Verantwortlichkeit für einen Fehler anderweitig erkenntlich wird und Sie dadurch als unzuverlässig, unprofessionell und feige wahrgenommen werden.

Fällt es Ihnen schwer, Verantwortung zu übernehmen, dann gibt es einige Tipps, die es Ihnen erleichtern können, verantwortlich zu handeln.

- **Erkennen Sie Fehler als Teil Ihres Lebens an.** Viele Menschen versuchen, Fehler um jeden Preis zu vermeiden. Manchen fehlt es an Optimismus, sodass sie zur Perfektion neigen. Andere leiden an einem geringen Selbstbewusstsein. Haben Sie ein Problem damit, sich selbst und anderen Ihre Fehler einzugestehen, dann sollten Sie dringend etwas daran ändern. Nur das Eingeständnis ermöglicht es Ihnen, aus Fehlern zu lernen und das Erlernte für zukünftige Aufgaben einzusetzen.

Zuerst kann es helfen, den Fehler samt seiner Konsequenzen zu analysieren. Wie groß sind die Ausmaße wirklich? Häufig erschrickt man im ersten Moment sehr, wenn etwas schiefläuft, aber häufig ist es gar nicht so schlimm. **Auf Grundlage dieser Analyse können Sie sich nach möglichen Lösungen umschauen.** Können Sie selbst den Fehler wieder in den Griff bekommen? Wenn nicht, wessen Kompetenzen bräuchte es dazu?

Sammeln Sie zügig alle wichtigen Informationen, bevor Sie zum Beispiel zu Ihrem Projektleiter gehen und den Fehler beichten. Wie leicht Ihnen dieser Schritt fällt, hängt nicht nur mit Ihrer Person zusammen, sondern auch mit der Fehlerkultur des Umfeldes.

- **Seien Sie so genau wie möglich, wenn Sie beschreiben, wie es zu dem Fehler kam.** Nennen Sie jedoch von sich aus keinen Namen, das erweckt leicht den Anschein, dass Sie doch mit dem Finger auf jemanden anders zeigen. **Entschuldigen Sie sich einmal** und wärmen Sie die Sache anschließend nicht immer wieder durch weiteres Entschuldigen auf.

Präsentieren Sie direkt im Anschluss Ihre **Lösungsvorschläge** und zeigen Sie Ihre Bereitschaft, die Schuld nicht nur durch ein Eingeständnis, sondern auch durch praktische Taten auf sich zu nehmen. Ist die Sache erledigt, dann denken Sie am besten nicht mehr groß darüber nach.

Grübeln Sie nicht darüber nach, was Sie besser hätten machen können, sondern **fokussieren Sie sich auf zukünftige Aufgaben und wie Sie diese am besten bewältigen wollen**. Zu Anfang ist der offene Umgang mit Fehlern sehr schwer und anstrengend. Sie werden aber auf lange Sicht durch eine verantwortungsbewusste Haltung in Bezug auf Fehler stärker, sodass Ihnen der Umgang damit mit der Zeit immer leichter fällt.

6.2 EIGENVERANTWORTUNG ÜBERNEHMEN

Die Verantwortlichkeit von sich wegzuschieben, sobald sie mit einer möglichen Last verbunden ist, scheint vielen Menschen leichter zu fallen, als sich selbst für etwas verantwortlich zu machen. Besonders gravierend ist dies, wenn es sich bei dem „Etwas“ nicht um zum Beispiel die Verantwortung für ein anspruchsvolles Projekt handelt, sondern um die Person selbst. Kennen Sie Menschen, die alles und jeden für ihre Situation und ihr Unglück verantwortlich machen können? Sie zeigen lieber mit dem Finger auf andere, als ihr Schicksal selbst in die Hand zu nehmen.

Natürlich kann es Unwohlsein auslösen, wenn Sie sich selbst das erste Mal, nach eventuell einer langen Zeit, die Bürde der Verantwortung aufladen. Wenn Sie dann in Schwierigkeiten geraten, war nicht Ihr Partner oder Ihr Kollege schuld, sondern Sie selbst und dieses Gefühl des Schuldseins wollen Sie vielleicht vermeiden. Doch wenn Sie so denken und handeln, dann verbauen Sie sich den Weg zu einem selbstbestimmten Leben, in dem Sie an Ihren Herausforderungen wachsen und resilienter werden können.

Eigenverantwortlich zu handeln, bedeutet, Ihrem Gegenüber direkt mitzuteilen, was Sie sich wünschen. Sie warten dann nicht darauf, dass er errät, was Sie von ihm wollen, sondern setzen auf **eine klare Kommunikation**. Auf diesem Weg liegt die Verantwortung, aktiv zu werden, zwar bei Ihnen, aber Sie können nur auf eine solche Weise Dinge unternehmen, die Ihnen Spaß machen. Dr. Merkle hat diese Art der Fehlkommunikation durch die Vermeidung, Eigenverantwortung zu tragen, in einem

Beispiel zugespitzt dargestellt.

Darin hat eine Ehefrau, Petra, die Verantwortung für ihr Leben soweit ihrem Mann überlassen, dass sie ihm die Entscheidung überlässt, etwas zu unternehmen oder auch nicht. Er kriegt diese Verantwortung in diesem Beispiel gar nicht mit und handelt aus Unwissenheit eher achtlos.

„Petra würde gern eine Veranstaltung besuchen. Sie sagt zu ihrem Mann Gunter: „Hast Du schon gehört, dass bei uns im Theater die Veranstaltung XY läuft?". Gunter sagt: „Ja, habe ich gehört". Für ihn ist damit der Fall erledigt. Er ahnt nicht, dass hinter der Frage seiner Frau die Aufforderung an ihn steckt, er möge doch gefälligst seine Frau einladen, mit ihm diese Veranstaltung zu besuchen."

Letztendlich macht die Weigerung Petras, Ihre Wünsche zu kommunizieren, beide unglücklich. Sie versteht die Antwort ihres Mannes als „nein" und wertet dies, als hätte er ihr auf eine klare Frage eine Abfuhr erteilt. Sie ist unglücklich, weil sie nicht das unternehmen kann, was sie will, und das Gefühl hat, Gunter würde sich nicht für ihr Wohl und ihre Wünsche interessieren. Gunter wiederum leidet vermutlich unter der daraus resultierenden schlechten Laune Petras und kommt ebenfalls nicht in den Genuss eines Abends, der vermutlich sehr schön geworden wäre.

Auf die Idee, einfach selbst ein Ticket zu kaufen und ohne ihren Mann in das Theater zu gehen, kommt Petra in diesem Beispiel anscheinend auch nicht. Dieses Phänomen einer so starken Abhängigkeit von einer Person ist nicht unüblich, wenn der andere in der Regel die Planung der Abende übernimmt. Einer plant und organisiert und die andere Person ordnet sich unter.

Eine solche Dynamik in einer Beziehung sollten Sie vermeiden und wenn Sie schon besteht, dann sollten Sie sie aufbrechen. Üben Sie sich in einer klaren Sprache, in der Sie Ihre Wünsche deutlich kommunizieren können. Wollen Sie also wie Petra eine Veranstaltung besuchen, vielleicht auch sehr gern mit Ihrem Partner, dann formulieren Sie die Aussage zum Beispiel so:

„Ich habe von der Veranstaltung XY gehört und möchte sie gern besuchen. Hast du Lust mitzukommen?".

Auf diese Weise machen Sie deutlich, dass Sie auf jeden Fall in die Veranstaltung gehen werden, auch wenn die Antwort Ihres Gegenübers „nein" sein sollte. Gleichzeitig eröffnen Sie der Person die Option, gemeinsam mit Ihnen dort hinzugehen und einen schönen Abend zu verbringen. Indem Sie Ihr eigenes Anliegen, Sie wollen in das Theater, von dem eventuellen Wunsch der anderen Person trennen, trennen Sie auch die Verantwortlichkeiten. Sie sind selbst für Ihre Entscheidung verantwortlich und der andere ebenso.

Scheuen Sie sich nicht, auch mal allein eine Veranstaltung, wie eine Theateraufführung, zu besuchen. Gerade, wer es gewohnt ist, immer mit dem Partner oder mit Freunden irgendetwas zu planen, wird manchmal etwas faul und beginnt, die Verantwortlichkeit, dass er bei der Veranstaltung glücklich ist, bei den anderen zu sehen. Durch den Besuch können Sie die Erfahrung machen, wie es sich anfühlt, selbst dafür verantwortlich zu sein, ein bestimmtes Event wirklich zu genießen. Eventuell lernen Sie dabei, wie Sie sich selbst positiv beeinflussen können und können dann auch im Zusammensein mit anderen Menschen mehr Eigenverantwortlichkeit für Ihr Glück zeigen.

Ebenfalls sollten Sie Ihr Selbstbewusstsein stärken, wenn Sie häufig feststellen, dass Sie irgendwohin mitgeschleppt werden, worauf Sie eigentlich keine Lust hatten. „Nein" zu sagen, fällt vielen Menschen sehr schwer. Sie fürchten sich vor den Konsequenzen, wenn sie jemandem zeigen, dass sie keine Lust haben, Zeit mit ihm oder ihr zu verbringen.

Doch das Recht in Anspruch zu nehmen, auch mal etwas abzulehnen, zeugt ebenfalls von Eigenverantwortung. Fällt Ihnen das schwer, dann üben Sie gezielt „nein" zu sagen. Unterdrücken Sie dazu den ersten Impuls direkt „ja" zu sagen. Setzen Sie sich dazu ein mentales Stoppsignal. Halten Sie inne und horchen Sie in sich hinein. Wollen Sie das wirklich? Wenn nicht, dann überwinden Sie sich und sagen „nein“. Haben Sie im Anschluss Schuldgefühle, dann dürfen Sie denen sagen, dass Sie auch ein Recht haben, abzulehnen, sonst wären Sie nicht gefragt worden und lenken Sie sich am besten ein wenig ab.

Auf sich zu achten und sich selbst als den eigenen Schlüssel zum Glück zu erkennen, ist unheimlich wichtig für Ihre Resilienz. Zum einen schützen Sie sich vor einer Überlastung, wenn Sie nur das machen, was Sie tatsächlich auch leisten können. Zum anderen lernen Sie durch stetiges Üben, Eigenverantwortung zu übernehmen, eine der zentralen Haltungen, die für mehr Resilienz sorgen.

7. Zukunftsorientierung

Diese Säule umfasst die Haltung, in die Zukunft schauen und aktiv mitgestalten zu wollen. Sie hängt durch den positiven Blick auf das, was kommt, eng mit dem Optimismus zusammen, doch sie setzt einen anderen Schwerpunkt. Zukunftsorientierte Personen vertrauen nicht nur auf ihre Selbstwirksamkeit und darauf, dass das Leben samt seinen Herausforderungen schon irgendwie gemeistert werden kann, sondern planen ihren weiteren Lebensweg. Menschen, die sich Ziele setzen, können sich deutlich einfacher motivieren und auf dem Weg dorthin durchhalten. Außerdem ermöglicht eine aktive Zukunftsplanung, Wünsche zu entwickeln, was sich am Leben verändern soll und wo und wie jemand dafür an sich arbeiten will.

In der praktischen Umsetzung bedeutet dies, dass Sie sich Lösungsoptionen für möglicherweise auftretende Probleme überlegen und diesen daher deutlich entspannter entgegentreten können. Dies soll nicht bedeuten, dass Sie nicht im Hier und Jetzt leben sollen. Doch auch regelmäßig auf Ihre Zukunft zu schauen und ein wenig daraufhin zu arbeiten, verschiebt Ihren Fokus mehr auf das große Ganze, was kleinere Rückschläge in ein angemessenes Verhältnis setzt. So fällt es leichter, zum Beispiel das Gefühl versagt zu haben, zu verarbeiten. Gleichzeitig kann dieser Zukunftsblick Ihnen helfen, die Fehler als Lernhilfe für spätere Herausforderungen zu verstehen und somit als weniger dramatisch zu erachten.

Die Zukunftsorientierung ist eine wichtige Copingstrategie, die es ermöglicht, auch in besonders schwierigen Lebenssituationen wie der Arbeitslosigkeit den Mut nicht zu verlieren und handlungsfähig zu bleiben. Sie ist eine wichtige Säule der Resilienz, da sie einen Ausweg aus einer unangenehmen Situation darstellt. **So können Sie sich in einer besonders schweren Lebenslage vorstellen, wo Sie sich in einem halben Jahr sehen wollen.** Haben Sie zum Beispiel Ihren Job verloren, dann stellen Sie sich vor, wie Sie bei einem neuen Arbeitgeber beginnen. Statt in Resignation zu verfallen, werden Sie nun alle Handlungsoptionen gedanklich durchtesten, bis Sie eine Möglichkeit gefunden haben, die zu dem erwünschten Ergebnis führt.

So planen Sie sich Schritt für Schritt Ihren Ausweg aus der Arbeitslosigkeit. Sie können sich überlegen, Kontakte wieder zu aktivieren, das Jobcenter aufzusuchen oder eine Weiterbildung zu machen. Zusätzlich erkennen Sie vielleicht bei der Planung, dass Sie für künftige Bewerbungen Ihren Lebenslauf überarbeiten sollten und üben sich im Schreiben von Bewerbungen. All diese Schritte sind Handlungsoptionen, die Sie aktiv werden lassen und Sie zugleich weniger angreifbar gegenüber Stress auslösenden Gefühlen der Resignation oder Hilflosigkeit machen.

Bei der eben beschriebenen Zukunftsplanung geht es keinesfalls darum, sich einen exakten Plan zu skizzieren, den es dann genau einzuhalten gilt. Es geht vielmehr darum, sich Handlungsoptionen zu vergegenwärtigen, die auch aufeinander aufbauen dürfen. Diese Optionen können alle genutzt werden, müssen es aber nicht. Manchmal wird Plan B bei Durchführung von Plan A ausgeschlossen. Die Planung gibt Ihnen jedoch als Leitlinie vor, was Sie als Nächstes unternehmen können und was das Ziel ist. Auf diese Weise haben Sie ein motivierendes Ziel vor Augen.

Wenn Sie zukunftsorientierter werden wollen, sollten Sie sich zuallererst ein Ziel setzen. Stellen Sie es sich ganz konkret vor.

Im Anschluss planen Sie Ihre Handlungsoptionen. Sie können sich Zwischenziele setzen und Ihre Möglichkeiten dazu in ein Verhältnis setzen. Um Ihnen diesen Schritt zu vereinfachen, können Sie Ihre Pläne verschriftlichen. Machen Sie sich eine oder mehrere Skizzen auf dem Papier und verbinden Sie die Schritte und Ziele mit Folgepfeilen. Die Verbindungen symbolisieren die nötigen Ressourcen, die Sie aufbringen müssen, um von einem Schritt zum anderen zu kommen. Was brauchen Sie oder was müssen

Sie können oder wissen, um sich innerhalb Ihrer Planung weiterzuentwickeln? Mithilfe dieser Skizzen können Sie Ihrer jetzigen Situation, ob gut oder schlecht, etwas gelassener entgegentreten und haben ein Ziel mitsamt einem Plan, was Sie in Zukunft machen wollen.

Dieser Plan und auch das Ziel sind nicht immer eins-zu-eins umsetzbar. Manchmal kommt etwas dazwischen und dann müssen Sie sich umorientieren. Doch mit einer guten Zukunftsorientierung fällt auch diese Umorientierung leichter. Analysieren Sie Ihre neue ungeplante Situation und planen Sie von dort aus auf ein passenderes Ziel hin. Mit einer zukunftsorientierten Haltung werden Sie sich nicht mehr so leicht aus der Fassung bringen lassen und wenn das doch einmal passieren sollte, dann hilft sie Ihnen, sich schnell auf das Neue einzulassen und sich eine andere positive Zukunft zu planen. Sie lassen sich dann weniger von Ihren Zukunftsaussichten stressen und werden resilienter.

8. Netzwerkorientierung

Die Netzwerkorientierung beschreibt eine positive Haltung zum Aufbau von Beziehungen verschiedenster Art, die zu einer Bindung mit anderen Menschen führen. Dieser Begriff beschreibt folglich viel mehr als das, was man mit dem in der Arbeitswelt gebräuchlichen Networking meint. Natürlich steckt in jeder Bindung ein Vorteil für Sie. Echte Bindungen gehen jedoch über eine Kosten-Nutzen-Orientierung hinaus, daher ist eine netzwerkorientierte Haltung so wichtig.

Bindungen zu anderen Personen aufzubauen, ist ein menschliches Grundbedürfnis. Wenn Babys der Kontakt zu seinen Beziehungspersonen verwehrt wird und es ganz allein gelassen wird, dann wird es stark in seiner Entwicklung gestört. Beziehungen zu haben, ist für eine gute Resilienz daher unumgänglich. Um Bindungen und Beziehungen aufzubauen und zu pflegen, sind Selbstbewusstsein und ein wenig Kontaktfreude wichtige Eigenschaften. Ebenso braucht es einen guten Umgang mit Ihrer Person, damit Sie sich auf andere einlassen können. Eine positive Haltung zu Ihren Mitmenschen setzt daher auch eine positive Haltung zu Ihnen selbst voraus.

Bindungen und Beziehungen als einen wichtigen Teil eines gelungenen Lebens ansehen zu können, hilft, resilienter zu werden. Resiliente Menschen bewältigen nämlich nicht alle Herausforderungen im Alleingang, sondern sie fragen bei Bedarf um Hilfe. Um auf andere vertrauen zu können, beispielsweise dass sie Ihnen helfen, braucht es natürlich Optimismus und gute Kommunikationsfähigkeiten. Je präziser Sie Ihren Bedarf an die andere Person kommunizieren können, desto einfacher kann Ihnen geholfen werden.

Das Vertrauen auf Bindungen ist sowohl im Umgang zwischen Ihnen und Ihrem Gegenüber als auch zwischen Ihnen und einer

sozialen Gruppe wie Ihrer Familie oder Ihrem Freundeskreis wichtig. Je besser Sie sich in eine Beziehung eingebunden fühlen, desto mehr können Sie sich in Anwesenheit Ihres Beziehungspartners fallen lassen und entspannen. Sie können sich bei Bedarf „ausheulen", haben also jemanden, mit dem Sie Ihre Probleme in einem geschützten, vertrauensvollen Rahmen besprechen können. Dieses Geschehen sollte im Idealfall von beiden Seiten ausgehen, sodass mal der eine zuhört und zu einer mentalen Stütze wird und mal der andere.

Aktiv im Netzwerk zu sein, hat viele Vorteile. Sie und Ihre verschiedenen Beziehungspartner entwickeln sich weiter. Zum Beispiel lebt man sich mit manchen Freunden nach einem Umzug, einem Arbeitsplatzwechsel oder einer Familiengründung auseinander. Gleichzeitig begeben Sie sich dann in neue soziale Räume, in denen Sie neue Beziehungen aufbauen können. Wenn Sie aktiv an Ihren Netzwerken arbeiten, gehen Sie auf potenzielle neue Beziehungspartner offen zu und machen sich einander bekannt. Im besten Fall werden Sie dann schneller in bestehende Netzwerke integriert und lernen spannende neue Menschen kennen. Dies wirkt Einsamkeit entgegen, wenn zum Beispiel frühere Freunde nicht mehr erreichbar sind.

8.1 BEZIEHUNGSNETZWERKE AUFBAUEN

Wollen Sie sich in einem neuen Feld etablieren, zum Beispiel weil Sie sich beruflich umorientieren möchten, dann ist es nötig, sich ein neues Netzwerk aufzubauen. Doch es fällt nicht jedem leicht, die dazu nötigen Beziehungen entstehen zu lassen. Fehlt es Ihnen an Selbstbewusstsein, auf andere Menschen zuzugehen, dann sollten Sie an diesem Aspekt arbeiten (Kapitel 9). Es gibt zudem auch ganz konkrete Tipps, wie es Ihnen leichter fallen kann, jemanden kennenzulernen. **Das Kennenlernen neuer Menschen geschieht in der Regel im Rahmen eines Gesprächs.** Beginnen Sie dieses mit echtem Interesse. Überlegen Sie sich vorher: Was könnte spannend sein an dieser Person? Je mehr Sie schon über die Person wissen, desto einfacher ist dies. Fällt Ihnen etwas am Aussehen der Person auf? Kennen Sie schon einige Eckdaten? Wenn Sie mit jemandem im Arbeitskontext sprechen wollen, dann wissen Sie vermutlich, in welchem Bereich die Person arbeitet. Im Verlauf des Gesprächs verknüpfen Sie das neuerworbene Wissen miteinander, sodass Sie neue Fragen stellen können. Vielleicht fallen Ihnen auch Gemeinsamkeiten auf. Vielleicht haben Sie beide eine Vorliebe fürs Joggen oder eine Katze zu Hause.

Haben Sie das Gespräch einmal begonnen, achten Sie darauf, Ihrem Gegenüber aufmerksam zuzuhören. Bleiben Sie gedanklich bei den Inhalten. Beachten Sie hierbei, dass Sie Ihren Gesprächspartner auf jeden Fall ausreden lassen. Das fällt manchmal schwer, besonders wenn man nervös ist. Hilfreich ist, kleine Zeichen des Zuhörens zu setzen. Stimmen Sie zu, nicken Sie oder bringen Sie eine kurze Äußerung wie „Aha“ ein. Damit zeigen Sie, dass Sie Interesse an dem Gespräch haben und Ihr Gegenüber wird sich bestärkt fühlen, dass Sie ein guter Gesprächspartner sind.

Um den Gesprächsfluss aufrechtzuerhalten, sollten Sie möglichst offene Fragen stellen. Dies sind Fragen, auf die ausführlicher geantwortet werden muss als mit „ja“ oder „nein“. Seien Sie darüber hinaus auch bereit, selbst Fragen zu beantworten und etwas von sich preiszugeben. Schließlich wollen Sie den anderen nicht verhören, sondern ein Gespräch auf Augenhöhe führen.

Lassen Sie zudem Komplimente einfließen. Diese dürfen sich zwar auch auf Äußerlichkeiten beziehen, besser ist es jedoch, wenn Sie zum Beispiel eine Eigenschaft loben, die Ihnen an Ihrem Gesprächspartner aufgefallen ist. Tragen Sie dabei aber nicht zu dick auf. Ein passend platziertes Kompliment wirkt viel glaubwürdiger als mehrere ungeschickt gesetzte. Sie sollten vermeiden, als Speichellecker wahrgenommen zu werden.

Zum Schluss zeigen Sie Ihre Bereitschaft, sich mal wieder zu unterhalten. Fragen Sie je nach Situation nach der Handynummer, der E-Mail-Adresse oder ob die Person bei LinkedIn zu finden ist. Nehmen Sie sich vor weiteren Treffen die Zeit, das Besprochene vom letzten Mal zu rekapitulieren. Indem Sie auf Bemerkungen der Person eingehen, zeigen Sie Ihr Interesse und werden als aufmerksamer Zuhörer wahrgenommen. Vertiefen Sie auf diese Weise nach und nach die Beziehung und bauen Sie so eine gute Bindung zu jemandem auf.

8.2 BEZIEHUNGSNETZWERKE PFLEGEN

Bestehende Beziehungen sind kein Selbstläufer. Um eine gute Bindung zu Ihren Beziehungspartnern zu erhalten, müssen Sie Ihre Netzwerke pflegen und regelmäßig Kontakt halten. Dank der modernen Kommunikationsmittel fällt es vermeintlich leichter, sich regelmäßig zu melden.

Schließlich muss man nur das Handy zur Hand nehmen, kurz tippen und auf „Senden" drücken. Dennoch schaffen einige Menschen dies häufig nicht von sich aus. Wenn Ihnen das auch so geht, sollten Sie dringend etwas daran ändern. Denn wenn Sie sich bei Menschen, zu denen Ihnen eine gute Beziehung wichtig ist, zu lange nicht melden, wird irgendwann auch die Bindung dahin sein. Durch Untätigkeit kann man sich ganz schnell von anderen abkapseln und steht schneller allein da, als man denkt.

Daher sollten Sie sich ein Herz nehmen und Ihre Bekannten und Arbeitskollegen einfach mal wieder mit ein paar freundlichen Worten anschreiben. Die Nachricht muss nicht überaus ausgefeilt oder kreativ sein. Die Geste ist schon viel wert. Kommt ein kleines Gespräch, zum Beispiel über den Messenger, zustande, dann fragen Sie nach, ob man sich nicht mal wieder offline treffen kann. Sich in echt zu sehen und mit allen Mitteln kommunizieren zu können, also auch mit Mimik und Gestik, stärkt die Bindung nämlich stärker als der reine Austausch von Nachrichten. „Beziehungen gedeihen durch Aufmerksamkeit, Zuwendung und gemeinsame Zeit. So können belastbare Verbindungen entstehen" (Resilienz.Wiki). Die Pflege Ihrer Beziehungen bedeutet immer, einen gewissen Aufwand aufbringen zu müssen, doch es lohnt sich, da gute Bindungen unersetzlich für eine gute

Resilienz sind.

8.3 BEZIEHUNGSNETZWERKE NUTZEN

Stecken Sie regelmäßig Arbeit in die Pflege Ihrer Beziehungen, dann sollten Sie sich auch nicht scheuen, von den Vorteilen zu profitieren. Netzwerkorientierung bedeutet nicht nur zu investieren, sondern in den entscheidenden Momenten auch eine Gegenleistung einzufordern. Schließlich bestehen gute Beziehungen immer aus Geben und Nehmen.

Fordern Sie Unterstützung ein und fragen Sie ganz konkret nach Hilfe, wenn Sie diese brauchen. Wird Ihnen Hilfe angeboten, die Sie gut gebrauchen können, dann nehmen Sie sie unbedingt an. Haben Sie keine Angst, später dafür in die Pflicht genommen zu werden, es ist ganz natürlich in einer Beziehung mal Gebender und mal Nehmender zu sein. Sie können sich Hilfe im Rahmen der Situation suchen, in der sie diese benötigen.

Kommen Sie zum Beispiel bei einem Arbeitsprojekt nicht weiter, ist es sinnvoll, einen befreundeten Kollegen oder eine befreundete Kollegin um Hilfe zu bitten. Ebenso ist es aber auch legitim, sich außerhalb des Arbeitsplatzes jemanden zu suchen, mit dem Sie das Problem besprechen können oder bei dem Sie durch ein wenig Jammern einen Teil der Last abladen können. Ihre Beziehungsnetzwerke sind auf verschiedene Art und Weise für Sie da, wenn Sie darum bitten.

9. Selbstbewusstsein

Das Selbstbewusstsein umfasst viele Aspekte. Zum einen ist darin enthalten, dass jemand sich seiner selbst samt all seiner Eigenschaften und Fähigkeiten bewusst ist. Zum anderen kann eine selbstbewusste Person diese Dinge richtig einschätzen, schätzt sie an sich und setzt sie gezielt ein, wenn sie zum Beispiel ein Ziel erreichen will. Dieses Verhalten wird von außen dann als selbstbewusst wahrgenommen.

Sich Ihres Selbstwertes bewusst zu sein, hilft, die Verantwortung für sich zu übernehmen. Nur mit Wertschätzung gegenüber der Sache, in diesem Fall gegenüber Ihnen selbst, entsteht die echte Bereitschaft, auch Verantwortung dafür übernehmen zu wollen. Ebenso ist ein Mindestmaß an Selbstbewusstsein vonnöten, wenn Sie erfolgreich Bindungen mit Menschen aufbauen und erhalten wollen.

Für ein gutes Selbstbewusstsein braucht es eine gute Selbstwahrnehmung. Zusätzlich ist ein solides Selbstwertgefühl die Grundlage für ein gesundes Selbstbewusstsein. Fehlt es Ihnen häufig an Selbstbewusstsein, dann sollten Sie sich zuerst besser kennenlernen. Ein geringes Selbstbewusstsein geht häufig mit einem Nichtwissen um all die tollen Eigenschaften einher, über die Sie verfügen, aber nicht erkennen können. Beginnen Sie auf Ihrem Weg zu mehr Selbstbewusstsein und mehr Resilienz daher mit Übungen zum Ausbau Ihrer Selbstwahrnehmung und Ihres Selbstwertgefühls (Kapitel 11.1 und 11.2).

Ebenso ist ein gewisses Vertrauen in Form von Optimismus und der Selbstwirksamkeitserwartung hilfreich, wenn Sie an Ihrem Selbstbewusstsein arbeiten wollen. Je besser Sie sich kennenlernen, desto einfacher ist es ebenfalls auf Ihre Stärken zu vertrauen, was natürlich wiederum das Selbstbewusstsein stärkt. Das Bewusstsein, dass Sie selbst Ihr Selbstbewusstsein beeinflussen können, ist ebenfalls Grundlage für diese Säule. Fällt es Ihnen schwer, Ihr Selbstbewusstsein vor anderen Menschen zu präsentieren oder verlieren Sie sich schnell wieder in einer Spirale von Gedanken, die Ihnen sagen, dass Sie nicht stark genug seien für die Aufgaben, dann müssen Sie jedoch noch ein wenig mehr tun, um Ihr Selbstbewusstsein zu stärken.

Dazu gehört unter anderem der Aspekt der Eigenverantwortungsübernahme. Ohne diese schiebt man die Verantwortung im entscheidenden Moment wieder weg und kann das Gefühl des Selbstbewusstseins in einer herausfordernden Situation nicht erleben. Doch gerade dieses Erlebnis, das Gefühl, es aus eigener Kraft geschafft zu haben, ist es, was Ihr Selbstbewusstsein pusht. In diesen Aspekt spielt auch die Lösungsorientierung hinein. Sie brauchen konkrete Ziele, um diese erreichen und somit Erfolge erleben zu können. Ebenfalls ein eigenes Kapitel hat der Aspekt des bewussten Lebens im Rahmen des Bonusmaterials zur Achtsamkeit (Kapitel 12), der Ihnen auch zu einem stärkeren Selbstbewusstsein verhelfen kann. Die folgenden beiden Punkte sollen sich vor allem damit beschäftigen, wie Sie durch ein selbstbewusstes Auftreten Ihre innere Widerstandskraft gegenüber Stressfaktoren stärken.

9.1 SELBSTWIRKSAMKEIT ENTWICKELN

Ein selbstbewusstes und selbstsicheres Auftreten ist ein wichtiges Kommunikationsmittel. Besonders in typischen Situationen, in denen Sie sich „verkaufen" müssen, ist es unabdingbar, eine gute Ausstrahlung zu haben. Zum Beispiel wollen Sie in Bewerbungsgesprächen kompetent wirken und Ihrem Gegenüber Ihre Stärken zeigen. Zu diesem Zweck gibt es einige Tricks, die das Auftreten selbstbewusster erscheinen lassen. Ein schöner Nebeneffekt ist, dass Sie nicht nur Ihrem Gegenüber durch diese kleinen Veränderungen in Ihrer Gestik, Mimik und Stimme mehr Selbstbewusstsein vermitteln, sondern auch sich selbst. Je mehr Sie an Ihrem Auftreten arbeiten und eine positive Resonanz für Ihr Tun bekommen, desto mehr wächst Ihr Selbstbewusstsein und Sie werden immer selbstsicherer.

Um Sie und Ihre Mitmenschen von Ihrer **Selbstsicherheit** zu überzeugen, gibt es einige **Grundregeln bezüglich Ihrer Gestik, Mimik und Stimme**. Dazu gehört es, bestimmtes Verhalten zu unterbinden und anderes stattdessen zu zeigen. Einige typische No-Gos für eine selbstbewusste Ausstrahlung sind Zeichen der Verlegenheit oder Nervosität.

Dazu gehört das Kauen auf der Lippe, das Spielen mit den Haaren, das Herumrutschen auf dem Stuhl, auf dem man sitzt, stetiges Bewegen der Hände und eine zusammengekauerte Position, also hängende Schultern oder ein krummer Rücken. Ebenso zeugen eine zitternde oder piepsige Stimme und das Vermeiden von Blickkontakt von Unwohlsein.

Wenn Sie sich manchmal ebenso verhalten, dann zeigen Sie, dass Sie von der Situation inklusive sich selbst nicht überzeugt sind. Wollen Sie nun Ihr Gegenüber für sich gewinnen, zum Beispiel dass Sie über die nötigen Kompetenzen für den Job, auf den Sie sich beworben haben, verfügen, dann wird dieser Ihnen das vermutlich nicht abkaufen, auch wenn Ihre Argumente gut sein mögen.

Stattdessen sollten Sie sich mehrere **Gesten und Sitz- bzw. Stehpositionen antrainieren**, an die Sie sich in einer Situation, in der Sie sich unsicher fühlen, halten können. Diese Haltungen werden auch Power Posen genannt, denn Sie verhelfen Ihnen zu mehr innerer Stärke und strahlen dies auch aus. Wenn Sie sitzen, dann wollen Sie Raum auf dem Stuhl einnehmen. Setzen Sie sich gerade hin, stellen Sie Ihre Füße fest auf den Boden. Sie können auch ein Bein über das andere schlagen, sinken Sie dann aber nicht zusammen, sondern halten Sie sich aufrecht. Nehmen Sie Ihre Augen auf Augenhöhe Ihres Gegenübers, das Kinn geht dann automatisch auch ein wenig mit hoch. Natürlich sollten Sie nicht starren, Sie können aber am Gesicht des anderen vorbeigucken und häufig beschäftigt man sich auch mit Unterlagen, denen Sie dann Ihre ganze Aufmerksamkeit schenken sollten.

Zeigen Sie Ihre Hände, Sie können sie zum leichten

Gestikulieren verwenden, das geht jedoch besser im Stehen. Ansonsten legen Sie sie auf Ihren Beinen, der Armlehne oder bei den Unterlagen auf dem Tisch ab. Auf diese Weise zeigen Sie, dass Sie nichts zu verstecken haben und vermeiden Fahrigkeit, wenn Sie die Hände ohne Anlass mal hier und mal da hinnehmen. Auch das Halten einer Raute, eine Handhaltung, die vor allem durch Angela Merkel bekannt wurde, strahlt Ruhe aus und das Berühren der eigenen Fingerspitzen hat einen positiven Effekt.

Wenn Sie sich im Stehen unterhalten, dann achten Sie darauf, Ihre **Füße etwa schulterbreit zu positionieren und Ihr Gewicht gleichmäßig darauf zu verlagern**. Nehmen Sie die Schultern für eine aufrechte Haltung zurück und nehmen Sie gezielt **Blickkontakt** auf. Die Hände können Sie zur Raute formen oder locker vor dem Körper zusammennehmen. Stehend können Sie zudem freier gestikulieren, sollten dies jedoch dem Anlass anpassen. In jedem Fall sollten Sie es vermeiden, die Arme zu verschränken oder hinter dem Körper zu verstecken. Ebenso haben die Hände nichts in den Hosentaschen verloren. Eine Hand können Sie jedoch leicht in der Tasche verschwinden lassen, wenn es sich um einen legeren Anlass handelt. Der Daumen und der Handrücken bleiben dabei jedoch zu sehen.

Auch wenn Sie aufgeregt sind, sollten Sie **auf eine ruhige, tiefe Atmung achten**. Das fällt leichter, wenn Sie das bewusste Atmen schon vorher trainiert haben. Durch eine gute Atmung entspannen sich Ihre Stimmbänder und Ihre Stimme neigt weniger dazu, gepresst und piepsig zu werden. Tiefe Stimmen werden als kompetenter wahrgenommen. Haben Sie also eine hohe Stimme, sollten Sie üben, sie künstlich etwas zu vertiefen. Unabhängig davon ist es hilfreich, mit einer kräftigen Stimme zu sprechen. Fällt Ihnen das schwer und Sie sind eigentlich häufig darauf angewiesen, dann kann Gesangsunterricht sehr hilfreich sein. Darin werden gezielt Methoden zum Sprechtraining vermittelt.

Vor Ihrem Auftritt bei einer Präsentation oder einem Gespräch können Sie sich mit bestimmten weiteren Power Posen in Stimmung bringen. An einem geschützten Ort stellen Sie sich wie ein Olympiagewinner hin, zum

Beispiel indem Sie die Arme mit geballten Fäusten in die Luft strecken. Strengen Sie sich dazu richtig an und forcieren Sie damit Emotionen, die Ihr Gehirn mit einem Gewinn verknüpft hat. Sie dürfen sich wie ein Sieger fühlen und mit diesem Mindset gehen Sie zu Ihrem Auftritt. Durch diese selbstbewusste Haltung verfügen Sie direkt über mehr Resilienz, da diese Sie davor schützt, schon vor dem Auftritt stark gestresst zu sein.

9.2 INTEGER HANDELN

Integrität bedeutet relativ frei aus dem Lateinischen übersetzt Unversehrtheit. So bedeutet zum Beispiel die territoriale Integrität, dass ein Staatsgebiet unverletzlich ist. Ebenso reden Informatiker von Integrität, wenn Daten unversehrt sind. Meist geht es bei Integrität jedoch um Ethik. Integer zu handeln, bedeutet, sich so zu verhalten, wie es die eigenen Werte und Normen vorschreiben.

Ein integrer Mensch tut das, was er sagt. Er zeigt somit Verlässlichkeit und Ehrlichkeit. Ebenso stehen solche Personen zu ihren Taten und nehmen aufgrund ihrer Integrität die Konsequenzen auf sich. Wer integer handelt, auch wenn es mal schwer ist, zeigt Charakterstärke und wird damit auf lange Sicht von seinem Umfeld als starke Persönlichkeit mit einem guten Selbstbewusstsein wahrgenommen.

Zeigen Sie Integrität, werden andere ihr Vertrauen in Sie setzen, was die Grundlage für den Aufbau einer guten Bindung ist. Integer handeln ist jedoch noch darüber hinaus positiv für Sie und Ihre Resilienz. Kennen Sie Situationen, in denen Sie sich schlecht gefühlt haben, weil Sie gegen Ihre Prinzipien verstoßen mussten? Wenn dies der Fall ist, werden Sie wissen, wie unangenehm es ist, nicht integer zu handeln.

Ein Beispiel für eine solche Handlung wäre, wenn Sie einen Kunden anlügen, um ihm etwas zu verkaufen, auch wenn Sie so etwas eigentlich nie tun wollten. Die anschließenden Schuldgefühle, gegen den eigenen

Wertekodex (im Beispiel: nicht zu lügen) verstoßen zu haben, zermürben und setzen Ihrer Resilienz zu. Je häufiger dies passiert und je schlimmer der Verstoß für Sie ist, desto mehr werden Sie geschwächt. Daher sollten Sie für sich und Ihre Prinzipien einstehen. Im Job, auf den Sie womöglich dringend angewiesen sind, ist das schwer und manchmal auch unmöglich.

Doch auch im Privaten gibt es Situationen, in denen Ihre Integrität gefragt ist. Dementsprechend handeln mag zwar auch manchmal anstrengend sein, ist jedoch eigentlich immer möglich. Haben Sie zum Beispiel versprochen, einem Freund beim Umzug zu helfen, dann stehen Sie dazu und packen Sie richtig mit an. Hinterher haben Sie vielleicht etwas Muskelkater, aber so beweisen Sie auch sich selbst, dass Sie ein charakterstarker Mensch sind, auf den Sie stolz sein können.

Wollen Sie mehr Integrität entwickeln, weil Sie häufig in Situationen geraten, in denen Sie Dinge tun, die Sie eigentlich nicht machen wollen, dann helfen Ihnen die folgenden Tipps.

- **Setzen Sie auf Ehrlichkeit.** Kleine Notlügen hier und da einzusetzen, mag zwar bequem sein, sie stehen Ihrer Integrität jedoch im Weg. Bemerken Sie, wie Sie zu einer solchen Lüge ansetzen, dann machen Sie erst einmal ein kurzes Time-Out. Sie wollen nicht lügen, sondern wollen mit Ehrlichkeit weiterkommen. Das erfordert Mut. Setzen Sie mit Bedacht dazu an, Ihrem Gegenüber die Wahrheit zu erzählen. Sie brauchen sie ihm nicht brüsk um die Ohren knallen, sondern sollten langsam und behutsam vorgehen, denn Wahrheiten können manchmal sehr wehtun. Bringen Sie zum Ausdruck, dass Sie bei unschönen Ehrlichkeiten nicht das Ziel haben, dem anderen zu schaden. Ebenso sollten Sie darauf achten, dass Sie Ehrlichkeit bei anderen nicht bestrafen. Fragen Sie jemanden nach seiner Meinung und dieser stimmt Ihnen nicht zu, dann bedanken Sie sich für die Ehrlichkeit und überdenken die Position der Person.

- **Integrität hat zudem viel mit Verantwortung zu tun**. Wie Sie Ihr Verantwortungsbewusstsein ausbauen können, haben Sie bereits in Kapitel

6 erfahren. Eng mit Verantwortung hängt die Verlässlichkeit zusammen. Können andere Personen darauf vertrauen, dass Sie zu einem Termin pünktlich auftauchen und dass Sie die Ihnen zugeteilten Aufgaben erledigen?

Wenn dies häufiger nicht der Fall ist, sollten Sie dringend daran arbeiten. Denn auch für Sie ist es anstrengend, wenn durch Ihre Unzuverlässigkeit Konsequenzen entstehen, die Sie durch Mehrarbeit wieder beheben müssen. Letztendlich kostet es mehr Zeit und Nerven, Dinge zweimal zu machen oder einen verärgerten Kunden zu beruhigen, als gleich beim ersten Mal alles ordentlich zu erledigen. Diese Mehrarbeit und die negative Resonanz von außen sorgt dann für Stress und greift Ihre Widerstandskraft an.

Haben Sie Probleme mit dem Management all Ihrer Aufgaben, dann sollten Sie sich besser organisieren. Planen Sie schriftlich, was alles ansteht, zum Beispiel in Form einer To-do-Liste. Sind Sie häufig unzuverlässig, weil Sie zu viel zu tun haben und nicht mehr mit der Arbeit hinterherkommen, dann sollten Sie versuchen, kürzerzutreten. Das funktioniert nicht in allen Bereichen, doch öfter mal „nein“ zu sagen, bewirkt bei manchen Menschen Wunder. Sie müssen nicht immer Ihren Kollegen helfen, wenn Sie selbst viel zu tun haben. Sie müssen nicht die Verantwortung für mehrere Projekte gleichzeitig tragen. „Nein“ sagen und persönliche Prioritäten setzen, fällt schwer und erfordert Mut, doch es lohnt sich und Sie werden zu einem entspannteren, resilienteren Menschen.

- **Integer zu handeln, bedeutet auch, zu seinen Fehlern zu stehen und Kritik anzunehmen und zu reflektieren.** Zeigen Sie, dass Sie ein verantwortungsvoller Mensch sind, auf den andere, trotz eines vorgekommenen Fehlers, erneut ihr Vertrauen setzen können. Ebenso können Sie sich nur weiterentwickeln und weitere Fehler dieser Art vermeiden, wenn Sie offen damit umgehen. Zeigen Sie Ihre Bereitschaft, es besser machen zu wollen und erhalten Sie sich so Ihre gute Beziehung mit Ihrem Umfeld.

Auch wenn es Mut erfordert, werden Sie so geschätzt und zeigen Ihr Selbstbewusstsein. Keiner ist frei von Fehlern und Schwächen, durch Ihr integres Verhalten beweisen Sie jedoch Ihrem Umfeld, dass Sie darüber Bescheid wissen und sich davon nicht unterkriegen lassen. Nur durch Integrität können Sie zeigen, wer Sie wirklich sind und wofür Sie stehen. Dadurch können Sie authentisch und selbstbewusst handeln und mit sich selbst im Reinen sein.

10. Akzeptanz

Die Realität des Lebens so akzeptieren zu können, wie sie ist, ist elementar, um Ihre Kräfte zu schonen und Schwerpunkte bei Ihren Bemühungen, ein gutes Leben zu führen, zu setzen. Zum einen verhilft diese Haltung durch Selbstakzeptanz zu einem besseren Zugang zu Ihrem Selbstbewusstsein, zum anderen bezieht sie sich auf Ihre Situation und wie Sie darin agieren. Akzeptieren zu können, bedeutet, dass man Vergangenes ruhen lässt und sich nicht an Unveränderlichem aufreibt. Fehler lassen sich nicht rückgängig machen, aber aus ihnen lässt sich lernen.

Kommt eine massive Herausforderung auf Sie zu, dann können Sie nicht immer ausweichen. Doch es gibt in der Regel immer Lösungsmöglichkeiten, die sich mithilfe der Lösungsorientierung auch finden lassen. Dass die nächsten Zeiten etwas unruhiger werden, muss Sie aber mit einer akzeptierenden Haltung nicht aus der Bahn werfen. Wenn Sie eine turbulente Zeit kommen sehen und als halbwegs bewältigbare Herausforderung erkennen, die Sie überstehen können, dann haben Sie sich diese Haltung zu eigen gemacht.

Antoine de Saint-Exupéry formulierte die Wirkung der Akzeptanz äußerst passend: „Bewahre mich vor dem naiven Glauben, es müsste im Leben alles gelingen. Schenke mir die nüchterne Erkenntnis, dass Schwierigkeiten, Niederlagen, Misserfolge, Rückschläge eine selbstverständliche Zugabe zum Leben sind, durch die wir wachsen und reifen“. Wenn Sie den Punkt erreichen, an dem diese Einstellung Sie durch Ihr Leben trägt, dann wird es Ihnen leichter fallen, die anderen Säulen der Resilienz zu stärken.

Gleichzeitig muss an dieser Stelle betont werden, dass Akzeptanz nicht mit Gleichgültigkeit zu verwechseln ist. Menschen, deren 7. Säule gut ausgeprägt ist, nehmen die Herausforderungen und Probleme in ihrem Leben durchaus ernst. Sie verfügen jedoch mit ihrer Einstellung über das Handwerkszeug, diesen gelassen gegenüberzutreten und nicht ihr ganzes Leben von ihnen bestimmen zu lassen. Akzeptanz erhält folglich Ihre Handlungsfähigkeit und ermöglicht Ihnen, einen Ausweg zu finden. Dieser Effekt schützt Sie vor der Stress auslösenden Lähmung, die Sie eventuell schon einmal verspürt haben, als Sie sich gegenüber einem Problem ohnmächtig gefühlt haben.

Welchen Nutzen die Akzeptanz der Vergangenheit hat, beschreibt Prof. Dr. Jutta Heller:

Durch Akzeptanz können negative Emotionen wie z. B. Angst, Ärger und Wut verringert werden und eine bewusste Ausrichtung auf Neues gelingen. Warum können wir bestimmte Dinge nicht akzeptieren? Weil sie negative Emotionen in uns auslösen, die nicht zur Ruhe kommen. Reflexhaft stellen wir uns vor, was gewesen wäre, wenn … oder wir wünschen uns Rache oder einen Ausgleich, weil wir ungerecht behandelt worden sind (oder uns zumindest so fühlen). Stellen Sie sich in so einer Situation bewusst vor, was Sie für sich gewinnen, wenn Sie Vergangenes oder schwierige Situationen voll akzeptieren könnten. Welche Emotionen würden Sie dann spüren? Gelassenheit, Leichtigkeit, innere Ruhe …, wenn Sie sich bewusst machen, welchen Nutzen Sie aus der Akzeptanz ziehen, fällt es Ihnen leichter zu akzeptieren.

Wenn Sie akzeptieren können, was nicht mehr veränderlich ist, dann können Sie zur Ruhe kommen und sich wieder auf die machbaren Dinge in Ihrem Leben konzentrieren. Das fällt nicht immer leicht. Emotionen wie Wut oder das Gefühl, ungerecht behandelt worden zu sein, können Ihren negativen Gedankengängen, die Sie in der Vergangenheit festhalten, immer wieder neuen Schub geben. Ebenso mögen viele Menschen ihre eigenen Grenzen nicht anerkennen. Verfügen sie auf den ersten Blick nicht über die Ressourcen, aus einer Krise herauszufinden, dann wollen sie das womöglich nicht einsehen. Doch erst, wenn Sie anerkennen, dass Sie an Ihre Grenzen kommen, können Sie beginnen, in die Verschiebung dieser Grenzen zu investieren. Dies ist häufig machbar, manchmal braucht es auch Unterstützung von außen, aber ohne die Erkenntnis, dass Sie etwas anderes machen müssen als sonst, ist Ihnen dieser Weg versperrt. Fällt es Ihnen schwer, mit der Vergangenheit abzuschließen oder sich auf das Machbare zu konzentrieren? Dann werden Ihnen die folgenden Übungen helfen, den Weg hin zu mehr Gelassenheit durch Akzeptanz zu gehen.

10.1 IDENTIFIZIERUNG DES NICHT-AKZEPTIERTEN

Reflektieren Sie, was Sie in der Vergangenheit häufig nicht akzeptieren konnten. Typische Dinge dieser Art sind Tod, Krankheit und Schmerz, die Vergangenheit an sich, gemachte Fehler, die Sie nach wie vor bereuen, Kontrollverlust sowie Ungerechtigkeit und Ungewissheit. Eventuell gibt es bei Ihnen noch andere Dinge. Üben Sie sich in Selbstreflexion und notieren Sie sich, was Sie nicht akzeptieren können. Im Anschluss wenden Sie Methoden der Akzeptanz an, um sich eine gelassenere Haltung anzutrainieren.

10.2 METHODEN DER AKZEPTANZ

Den Tod im Leben zu akzeptieren und sich dem Wissen um das kommende Ende zu stellen, stellt viele Personen vor eine immense Herausforderung, die sie deshalb am liebsten ignorieren. Die Anerkennung der Endlichkeit des Lebens hat allerdings häufig gute Auswirkungen auf Menschen. Sie fördert unter anderem die Wertschätzung der Zeit, über welche man verfügt, und führt somit zu einem bewussteren Leben. ‚Carpe diem' (Nutze den Tag) hängt aus diesem Grund stark mit dem Verweis auf den Tod zusammen, welcher im Lateinischen als ‚Memento mori' (Bedenke, dass du sterben wirst) zusammengefasst wird. Es handelt sich um ein Lebensgefühl, welches das Leben im Angesicht seiner Vergänglichkeit feiert. Probieren auch Sie aus, wie sich Ihr Lebensgefühl verändert, wenn Sie den Tod als unabänderlichen Teil Ihres Lebens akzeptieren.

Krankheit und Schmerz sind sehr unangenehme Begleiter im Leben, die jedoch jeden von uns immer mal wieder treffen, manchmal schlimmer und manchmal weniger schlimm. Diese Aspekte können die Lebensqualität stark beeinträchtigen und dabei die Resilienz massiv schwächen. Doch das Leben mit Krankheit und Schmerzen muss kein Angstfaktor sein. Dank der modernen Medizin lässt sich vieles gut behandeln und auch für langjährige Schmerzpatienten wird stetig an Medikamenten geforscht, die das Leiden lindern können.

Dieser Aspekt der Hoffnung auf die Medizin und die Forschung sowie die Tatsache, dass man auch mit einer Krankheit noch viel Schönes erleben kann, lässt viele Personen gut mit Krankheiten umgehen. Ebenfalls sind viele Menschen stärker als sie denken und sie lernen das Leben nach einer Diagnose noch einmal komplett anders kennen. Auf die Möglichkeit hoffen und sich weiter als Teil einer Gemeinschaft sehen zu können, ergibt sich zudem aus der Akzeptanz der Krankheit. Erst wenn jemand innerlich so weit zur Ruhe gekommen ist, dass er seine Gedanken auf neue Wege schicken kann, ist auch ein mentaler Ausweg aus dem Gefühl des Ausgeliefertseins möglich.

Sie sind mit Sicherheit in der Vergangenheit von anderen Menschen verletzt worden. Sie wurden belogen oder hintergangen und können nach wie vor nicht verstehen, warum diese Person Ihnen das damals angetan hat. Wenn Sie auch heute immer wieder an die Verletzung zurückdenken müssen und versuchen, die Hintergründe zu verstehen, sind Sie zu sehr in der Vergangenheit verwurzelt. Schließen Sie endgültig damit ab und fokussieren Sie sich auf etwas Neues. Nutzen Sie dazu Techniken aus dem Kapitel des Optimismus. Setzen Sie sich ein Stoppzeichen, wenn Ihre Gedanken in den negativen Teil der Vergangenheit abrutschen und Sie nur noch mit den Gedanken „Warum?“ oder „Was wäre, wenn?“ beschäftigt sind. Besonders die Visualisierung von etwas Positivem kann Sie dann ablenken. Ebenso können Sie bei gemachten Fehlern verfahren.

Außerdem ist es wichtig, Kontrollverlust hinnehmen zu können. Auch wenn Sie sich selbst mithilfe der Selbstregulation ganz gut kontrollieren können, hört diese Kontrolle außerhalb Ihres Selbst auf. Vieles in Ihrem Leben wird von Dingen beeinflusst, die viel stärker sind als Sie. Dies zu akzeptieren kann schmerzhaft sein, denn es zeigt Ihnen die Grenzen Ihrer Macht auf, schützt jedoch auch vor Stress, da es unheimlich anstrengend ist, etwas verändern zu wollen, was Sie nicht verändern können. Indem Sie sich klarmachen, dass Sie über gewisse Dinge keine Kontrolle haben, schützen Sie sich vor diesem schädlichen Verhalten.

Ungerechtigkeit im Leben zu akzeptieren, fällt häufig schwer und ist auch nicht in jedem Fall sinnvoll. Identifizieren Sie, welche Ungerechtigkeiten wirklich unabänderlich sind. Fokussieren Sie sich von nun an auf das, was Sie ändern können. Machen Sie Ihre kleinen Erfolge, zum Beispiel im Kampf gegen Rassismus, kenntlich. Auch, wenn es regelmäßig Rückschläge geben wird, haben Sie durch die Verschriftlichung Beweise für sich selbst, dass Sie tatsächlich etwas erreichen können. Machen Sie sich immer wieder klar, wie wertvoll diese Erfolge sind und dass die anderen Aspekte der Dinge, die Sie ebenfalls als ungerecht erachten, Kräfte in Ihnen freimacht, die Sie zielführend einsetzen. Ungewissheit kann unheimlich zermürbend sein, wenn Sie sich ständig mit irgendwelchen möglichen Szenarien beschäftigen und sich den Kopf darüber zerbrechen, ob Sie der Zukunft auch wirklich gewachsen sind. Schieben Sie diese Sorgen von sich weg und fokussieren Sie sich ganz bewusst auf Ihre jetzigen Herausforderungen, für die Sie echte Lösungen finden können. Bleiben Sie im Hier und Jetzt verankert und nutzen Sie Ihre aktuellen Möglichkeiten. Natürlich können Sie sich auch langfristig orientieren.

Es gibt Dinge, wie den Ausbau der Resilienz, die sowohl für anstehende Herausforderungen sinnvoll sind als auch für Herausforderungen, die noch in ferner Zukunft liegen. Dabei konzentrieren Sie sich auf potenzielle Lösungen. Wenn also Ihre Resilienz in einigen Monaten deutlich verbessert wurde, können auch Probleme in fünf Jahren Ihnen nicht so viel anhaben.

Die genaue Gestaltung der Probleme in fünf Jahren ist bei diesem lösungsorientierten Ansatz jedoch komplett irrelevant. Diese Haltung der Akzeptanz und Lösungsorientierung schützt Sie vor der kräftezehrenden Projektion Ihres möglichen zukünftigen Versagens und stärkt somit Ihre Resilienz.

Ein Tipp, etwas besser akzeptieren zu können, ist, **dies laut auszusprechen. Sagen Sie sich laut und klar: „Ich kann nicht ändern, dass es passiert ist. Aber ich kann damit umgehen und akzeptieren, dass es so ist".** Auf diese Weise drängen Sie Ihre Gedanken dazu, zukunftsorientiert und realistisch mit dem vormals Nichtakzeptiertem umzugehen. Ebenso sollten Sie sich in Dankbarkeit üben. Wenn Sie dankbar sind, verspüren Sie sehr starke Gefühle, die Grübeleien und negative Emotionen, in Bezug auf zum Beispiel Vergangenes, überschatten können.

Die Methoden der Akzeptanz sind dazu gedacht, Ihre Handlungsfähigkeit in Bezug auf das Veränderliche zu erhalten und zu stärken. Gut akzeptieren zu können, bedeutet jedoch nicht, nur noch durch eine rosarote Brille zu schauen. Akzeptanz verhilft Ihnen, ein realistisches Bild von sich und Ihrer Situation zu erhalten, in dessen Rahmen handeln zu können und somit mehr Resilienz zu entwickeln. Versuchen Sie sich daran, gelassener mit sich, Ihrem Umfeld und Ihren Problemen umzugehen und Sie werden merken, dass Sie mit einer akzeptierenden Haltung deutlich entspannter durchs Leben gehen.

11. Die persönlichkeitseigenen Schutzfaktoren

Jeder Mensch entwickelt im Laufe seines Lebens Resilienz. Sie wird vor allem durch Erfahrungen im Kindesalter im Umgang mit der Familie und der restlichen Umwelt entwickelt. Es existiert auch eine genetische Komponente, die in diesem Buch jedoch vernachlässigt wird, da dieses Feld nicht angemessen erforscht ist. Resilienz ist ebenso kein reines Ergebnis physischer und psychischer Gesundheit, auch wenn diese Aspekte einen Einfluss auf die Resilienz haben können.

Da sich die innere Widerstandskraft jedoch vor allem auf die angewendeten Coping-Mechanismen bezieht und diese im Laufe Ihres Lebens erlernt werden, ist die Erziehung und Sozialisation auf jeden Fall ein sehr wichtiger Teil in der Ausbildung der Resilienz und wird daher in diesem Kapitel beleuchtet.

Der innere Schutzschild, wie **Resilienz** auch genannt wird, **wird durch die Stärkung verschiedener Faktoren gebildet**. Durch das Erleben bestimmter Situationen entstehen **Schutzfaktoren** oder auch Werkzeuge, die zusammengenommen die Resilienz stärken. Diese wiederum stärken die sieben Säulen der Resilienz, auf die im ersten Teil des Buches eingegangen wurde. Folglich **werden Resilienzmechanismen verbessert, wenn bestimmte Kompetenzen erlernt werden. Die Entwicklung der Werkzeuge entsteht gerade nicht durch Wissensvermittlung, sondern durch Impulse verschiedener Art von außen, die dazu anregen, die Resilienz im Ganzen weiter auszubilden.**

Die verschiedenen Faktoren und Säulen, die im Zusammenspiel zu einer hohen Resilienz führen, sind eng miteinander verbunden und bilden in einem komplexen Zusammenspiel Ihre Resilienz. In den folgenden Kapiteln wird aus diesem Grund besonderen Wert auf das Zusammenwirken der verschiedenen Aspekte bei der Bildung von Resilienz gelegt. Auch bei den Tipps und Übungen, die zum Ausbau der verschiedenen Fähigkeiten und Eigenschaften gedacht sind, gibt es zahlreiche Überschneidungen. Lassen Sie sich auf diese Verflechtungen ein und betrachten Sie Ihren Fortschritt als eine Gesamtentwicklung, die Sie auf vielfache Weise stärkt.

11.1 DIE SELBSTWAHRNEHMUNG

Das Selbstbild von Kindern ebenso wie von Erwachsenen bestimmt in hohem Maße, wie sie ihre Umwelt wahrnehmen. Eine gute Selbstwahrnehmung ist daher eine der grundlegendsten Kompetenzen, auf denen gleich mehrere der sieben Säulen aufbauen.

Wer sich selbst erkennt, nimmt sich als einzigartiges Individuum mit einer bestimmten Kombination von physischen und psychischen Komponenten an. „Ich bin ich selbst“, „Ich unterscheide mich von meiner Umwelt“ und „Ich bin eigenständig“, sind Gedankengänge, die bei der Selbstwahrnehmung zum Tragen kommen. Das „Ich“ ist dabei der Teil des Selbst, der sich selbst mithilfe der Sinne spüren und kontrollieren kann, der dem Bewusstsein zugänglich ist, bewusst denkt, spricht und sich nach außen hin darstellt (vgl.: C. Keysers und U. Herwig).

Spiegelneuronen sorgen dabei für die Verbindung zum Gegenüber, wenn Ihr Gegenüber niest oder lacht, müssen Sie häufig auch niesen oder lachen. Sie spiegeln in dem Moment die andere Person. Diese Neuronen sind darüber hinaus für einen beträchtlichen Teil Ihrer Empathie zuständig, durch sie können Sie sich in andere Menschen hineinversetzen, sie verstehen und sich dementsprechend sozial in der Interaktion mit anderen Menschen verhalten.

Um die Effekte der Spiegelneuronen auszugleichen, gibt es darüber hinaus noch die Anti-Spiegelneuronen. Sie sorgen dafür, dass Sie

nicht alles nachahmen, was andere Menschen um Sie herum tun. So kann Ihnen zum Lachen zumute sein, wenn Sie jemanden anderen lachen sehen, doch Sie können diesen Reiz auch unterdrücken. Ebenso bekommen Sie nicht immer Hunger, wenn Sie jemanden essen sehen. Durch diese Neuronen grenzen Sie sich von anderen Menschen ab. Sie sind durch das Zusammenspiel der Spiegelneuronen und Anti-Spiegelneuronen in der Lage, sich als den anderen Personen ähnlich zu begreifen. Sie verstehen sich jedoch nicht gleich diesen Personen oder gar als die anderen selbst.

11.1.1 Die Entwicklung der Selbstwahrnehmung

Neugeborene besitzen kein Wissen über das Ich. Sie sehen sich nicht als eigenständige Person. Für die kontinuierliche und sichere Abgrenzung des Ichs von ihrer Umwelt braucht es eine Entwicklung von 18 bis 24 Monaten. So beginnen Kinder im Alter von etwa 2 Jahren Begriffe wie „mir“ oder „mein“ zu verwenden, die zeigen, dass sie Dinge sich selbst zuordnen können. In den ersten zwei Lebensmonaten wird diese Entwicklung vor allem durch die Interaktion mit Erwachsenen wie den Eltern geprägt. Das Kleinkind übernimmt erst die Fremdbezeichnung, also seinen Namen oder „Du“, um auf sich selbst zu verweisen, bis es durch das Abschauen, die Mutter oder der Vater verweist mit „Ich“ auf sich selbst, die Bezeichnung des Ichs auf sich selbst anwendet.

Bei einer engen und guten Bindung an die Bezugsperson lernt das Kind ganz von selbst, wie sich der Erwachsene in Bezug auf seine Umwelt verhält und darin als eigenständige Person agiert und übernimmt nach und nach dieses Verhalten. Durch diese Übernahme wird seine Wahrnehmung der eigenen Person in Abgrenzung zur Umwelt immer weiter geschärft. Diese Entwicklung findet zum Ende der Kindergartenzeit mit etwa 5 Jahren seinen Abschluss, wenn das Kind seine Denkprozesse bewusst als seine eigenen wahrnimmt und auf Grundlage des Wissens um sich selbst steuert.

11.1.2 Die Bedeutung der Selbstwahrnehmung für die Resilienz

Die Frage „Wer bin ich?" lässt sich häufig nur schwierig beantworten. Denn Sie sind immer ein bisschen anders, abhängig von den Menschen, die Sie umgeben und der Situation. Doch es lohnt sich, wenn Sie sich darüber klar werden, wer Sie sind und welche Ihrer Eigenschaften Sie als beständig wahrnehmen.

> **Ein gesundes Selbstbild erleichtert den Umgang mit anderen im täglichen Leben genauso wie in Ausnahmesituationen. Mit einer guten Selbstwahrnehmung und der damit verbundenen Einschätzung über Ihre Stärken und Schwächen werden Sie in der Lage sein, Ihr Leben so zu gestalten, dass die Herausforderungen gezielt angegangen werden können.** Daher ist gute Selbstwahrnehmung eine der Grundlagen für Sie, um an den Säulen der Resilienz zu arbeiten. Dazu gehört insbesondere die Säule des Selbstbewusstseins, welche Sie dazu befähigt, das Gefühl der Hilflosigkeit zu überwinden.

Nun verfügt leider nicht jeder Mensch über ein realistisches Selbstbild. Die folgenden Beispiele sollen Ihnen aufzeigen, wie sich eine ausbaufähige Eigenwahrnehmung erkennen lässt. Viele Menschen wollen vermeintlich „schlechte" Eigenschaften nicht anerkennen. Sie ziehen es vor, das Dasein der unerwünschten Teile ihrer selbst zu verdrängen. Doch dies verhindert jede Möglichkeit der Weiterentwicklung, die auch eher unschöne Eigenschaften einbezieht und mitunter daraus wertvolle Kompetenzen generiert.

Auch Menschen mit „schlechten" Eigenschaften, wie einer Tendenz zum Geiz oder zur Eifersucht, können mit etwas Arbeit diese Eigenschaften zu etwas Positivem werden lassen. Wenn Sie offen und bewusst damit umgehen, kann aus Geiz ein bewusster Umgang mit Geld werden und Sie können sich aktiv etwas Freigiebigkeit antrainieren. Der Hang zur Eifersucht sollte in einer Beziehung offen thematisiert werden und auch daran lässt sich arbeiten, sodass dieses nagende Gefühl mehr und mehr verschwindet. Die Verdrängung der Eigenschaft hingegen würde die Probleme nur vergrößern und den Aufbau von Resilienz erschweren.

11.1.3. Der Weg zu einer verbesserten Selbstwahrnehmung

Damit Sie sich selbst gut wahrnehmen können, braucht es einen offenen und ehrlichen Blick auf Ihre Eigenschaften und Kompetenzen. Überlegen Sie sich über mehrere Tage hinweg, was Sie als Person kennzeichnet. Was gefällt Ihnen besonders gut an sich selbst? Welche Eigenschaften können Sie akzeptieren, auch wenn Sie kein besonders großer Fan davon sind? Was wünschen Sie sich anders? Für welches Verhalten wurden Sie schon besonders gelobt? Welche Verhaltensweisen stärken Sie? Auf welche Ihrer Eigenschaften sind diese zurückzuführen?

Notieren Sie sich die Ergebnisse über mehrere Tage hinweg, um sich selbst ein wenig besser kennenzulernen. Um dieses Bild von Ihnen ein wenig zu verfeinern, kann es helfen, Freunde oder Familie in den Prozess einzubeziehen. Dies ist besonders dann sinnvoll, wenn Ihr bis jetzt bestehendes Selbstbild stark von der Außenwahrnehmung Ihrer Person differiert.

11.2 DAS SELBSTWERTGEFÜHL

Das Selbstwertgefühl beschreibt das Urteil, welches Sie über sich selbst fällen. Es hängt daher maßgeblich von Ihrer Selbstwahrnehmung ab. Die Art und Weise, wie Sie sich selbst beurteilen, beeinflusst, wie Sie auf andere Menschen zugehen und mit Herausforderungen umgehen. **„Das Selbstwertgefühl funktioniert dabei wie ein innerer Schutzschild. Es ist untrennbar verbunden mit dem Glauben an die eigenen Möglichkeiten“** (Mai). Dabei sind nicht die Eigenschaften an sich von Bedeutung, sondern die eigene Einstellung zu sich selbst. **So können auch Menschen mit weniger Kompetenzen Großes erreichen.** Diese Kombination wird in dem Spruch **„Fake it till you make it“** auf den Punkt gebracht.

Es zählt nicht, was Sie an Eigenschaften und Kompetenzen

mitbringen, sondern wie Sie sich anderen und sich selbst „verkaufen“. Die Unterschiede zwischen Menschen mit einem hohen und einem niedrigen Selbstwertgefühl sind häufig deutlich zu erkennen. So gibt es die einen, in deren Perspektive es niemanden gibt, der schöner oder besser ist als sie selbst. Das muss nicht immer als Arroganz rüberkommen.

Auch mit einem guten Selbstwertgefühl kann man andere Menschen wertschätzen und für ihre Stärken würdigen. Doch mit einem hohen Selbstwertgefühl sieht man sich so als gut an, wie man ist. Auf der anderen Seite der Skala stehen die, „die ständig an sich zweifeln, die sich nichts zutrauen und sich nicht hübsch oder liebenswert genug fühlen. Dabei sind sie ganz wunderbare Menschen mit unglaublich viel Potenzial, das sie selbst jedoch nicht erkennen“ (sinnsucher.de).

11.2.1 Die Entwicklung des Selbstwertgefühls

Die Grundlage für ein angemessenes Selbstwertgefühl wird in der Kindheit gelegt. **Wird einem Kind durch seine Eltern und weiteren Bezugspersonen beigebracht, dass es einen Eigenwert hat und daher geliebt wird, lernt es seinen Selbstwert kennen.** Dieser Wert steht bei einer solchen bedingungslosen Liebe unabhängig von den Handlungen des Kindes. Ihm wird gezeigt, dass es geliebt wird, wenn es „lieb“ und wenn es mal „böse“ ist. Unerwünschtes Verhalten wie hauen sollte zwar als unerwünscht kenntlich gemacht, doch der Wert des Kindes darf dabei nicht angegriffen werden. Statt „Du hast mir wehgetan, ich habe dich nicht mehr lieb“ sollte es daher heißen: „Du hast mir weh getan und deshalb geht es mir nicht gut. Entschuldige dich und mache das nicht noch mal“. Auch wenn Eltern in einer etwas aufgeheizten Situation wütend werden, wird so nur das Verhalten beanstandet und nicht das ganze Kind. Dies ist wichtig, weil der respektvolle Umgang mit Kindern ganz zentral für die Ausbildung ihres Selbstwertgefühls ist. Auch das Verspotten aufgrund der begrenzten kindlichen Fähigkeiten oder das Bloßstellen bewirkt, dass sich das Kind für sich selbst schämt und mit der Zeit der Überzeugung anheimfällt, dass es nichts wert ist. Diese Überzeugung hält sich dann häufig bis in das Erwachsenenalter.

Zu viel der Liebe in dem Sinne, dass einem Kind gezeigt wird, dass es geliebt und wertgeschätzt wird, gibt es hingegen nicht. Es kommt aber auf die Art der Gesten an und natürlich auf die Persönlichkeit des Kindes und der Eltern, wann die Grenze zum Verwöhnen überschritten ist. Häufig ist dies dann der Fall, wenn dem Kind keine Grenzen gesetzt werden, es zum Beispiel alles haben darf, was es will oder alles tun und lassen kann wegen der Angst, es könnte sich sonst zurückgewiesen fühlen. Ansonsten dürfen und sollen Kindern sich immer der Liebe ihrer Bezugspersonen bewusst sein, auch dann, wenn dies von anderen als „Verhätscheln" gebrandmarkt wird.

„Menschen mit geringem Selbstwertgefühl werden häufig von Selbstzweifeln geplagt. Ihre innere Stimme ist wie ein strenger Elternteil, der das eigene Kind erbarmungslos runtermacht für eine schlechte Leistung." So beschreibt Mai die harte Selbstbeurteilung, der sich Menschen mit mangelndem Selbstwertgefühl Tag für Tag unterziehen. Sätze wie: „Keiner mag mich" und „Das schaffe ich sowieso nicht" sind dann häufig das Ergebnis harscher Kritik aus Kindheitstagen, die von Lehrern, Eltern oder Mitschülern geäußert wurde. Der Fokus auf die eigene Person wurde dann nachhaltig auf die Schwächen und Fehler gerückt, die dann die Vorzüge des Menschen in den Hintergrund rücken. Dieses Selbstbild wird dabei durch die unbewusste Suche nach dem niedrigen Eigenwert immer weiter gefestigt. Dadurch bleibt Potenzial ungenutzt, was zu schlechteren Leistungen, zum Beispiel in einem Test, führt und es entsteht eine Teufelsspirale aus negativen Erwartungen der Person an sich selbst und daraus resultierenden schlechten Leistungen.

Auch durch die Möglichkeit des **ständigen Vergleichs in Massenmedien** wie Instagram und zum Teil auch durch schon länger bestehende Systeme wie Noten in der Schule erleben besonders Jugendliche einen **Einbruch des Selbstwertgefühls**. Wo Mädchen ganz zufrieden mit ihrer Taille oder ihren Oberschenkeln im Vergleich mit den Mädchen der Klasse waren, so zeigen Instagramkanäle, wie dünn Oberschenkel und wie schmal

Taillen noch sein können.

In der Pubertät fehlt häufig die Möglichkeit der angemessenen Reflexion solcher Bilder und der Grundstein für einen aussichtslosen und krank machenden Wettkampf gegen jedes Gramm Fett ist gelegt. Dieses Beispiel zeigt, wie mangelndes Selbstbewusstsein und die dauerhafte Suche nach dem Vergleich mit anderen krank machen kann.

Ist das Selbstwertgefühl hingegen stark genug ausgebildet und wird fortwährend auch von außen gestärkt, kann ein Mensch gegen solche abwertenden Systeme bestehen. Dazu braucht es fortwährende positive Bestärkung und ein Gefühl der Sicherheit und Geborgenheit bei Bezugspersonen und im sozialen Umfeld.

11.2.2 Die Bedeutung des Selbstwertgefühls für die Resilienz

Ihr Selbstwertgefühl fungiert als Ihr innerer Schutzschild vor Wertzuschreibungen von außen. Werden Sie zum Beispiel im Job unangemessen kritisiert und herabgewürdigt, schützt es Sie vor einer direkten Übernahme der negativen Ansicht Ihrer selbst. Wenn Sie dank eines guten Selbstwertgefühls an sich glauben, können Sie die Kraft generieren, die es braucht, um Herausforderungen angehen zu können. Indem Sie sich auf sich selbst verlassen, müssen Sie keine Energie mit „unnötigen" Sorgen, ob Sie es denn auch wirklich schaffen, verschwenden. Wer Schwierigkeiten hat, an sich selbst zu glauben, für den wird die Welt zu einem angsteinflößenden, viel Kraft einfordernden Ort und er selbst zu klein und schwach, um sich dagegen zu wehren. Dadurch finden sich Menschen mit mangelndem Selbstwertgefühl schneller mit Dingen ab, wie einem Job, der sie nicht erfüllt, und sind dabei unglücklich. Ihnen fehlt dann das Gefühl, es wert zu sein, im Job glücklich zu werden.

Schwierig ist es auch, wenn Menschen ihr Selbstwertgefühl, mit dem von außen zugesprochenem Wert verwechseln. Sie gieren dann nach Anerkennung und überlassen die Einschätzung ihrer eigenen Person ganz und gar anderen. Dadurch kann schnell eine Abhängigkeit entstehen, da sich das Gefühl eines guten Selbstwertes nur in der Situation eines Lobes einstellt und nicht aus der Person herauskommen kann. Auf dieser Grundlage können zum Beispiel in Beziehungen schnell Schieflagen entstehen, die im schlimmsten Fall in sogenannten toxischen Beziehungen enden. Und es gibt noch weitere Probleme.

Nur wer sich als Person wertschätzen kann, ist auch in der Lage, andere wertzuschätzen. Eine gute Bindung zu anderen Menschen setzt daher auch eine gewisse Portion Selbstliebe voraus. So ist schon im Doppelgebot der Liebe im Alten Testament in 3. Mose 19,18 zu lesen: „Du sollst deinen Nächsten lieben wie dich selbst." Im Markusevangelium im Neuen Testament wird dieses Gebot von Jesus als höchstes Gebot bewertet. Ein gutes Selbstwertgefühl ist daher Grundlage für alle sieben Säulen der Resilienz. Nur wer sich selbst wertschätzt, kann optimistisch und realistisch auf das Leben, seine Herausforderungen und in die Zukunft schauen, zielorientiert denken, angemessen viel Verantwortung übernehmen und Selbstbewusstsein aufbauen.

11.2.3 Der Weg zu einem verbesserten Selbstwertgefühl

Ein gutes Selbstwertgefühl kommt aus Ihnen heraus. Sie sind selbst dafür verantwortlich. Aus diesem Grund muss Ihr Weg dorthin auch die Arbeit an anderen Komponenten einschließen. So basiert ein gutes Selbstwertgefühl auf einer guten Selbstwahrnehmung und dem Wissen um Ihre Selbstwirksamkeit und Eigenverantwortung. Wenn Sie daher den Fokus auf das Training Ihres Selbstwertgefühls legen, müssen Sie auch andere Aspekte berücksichtigen. Dies stellt jedoch keine Hürde dar, sondern ist vielmehr für Sie die Chance, faktorübergreifend an sich zu arbeiten und dabei Ihre Resilienz zu stärken.

Die folgenden Übungen und Tipps sollen Ihnen helfen, ganz konkret Ihr Selbstwertgefühl zu trainieren.

• Ganz banal hört sich vermutlich der Tipp an, **Komplimente an- und ernst zu nehmen**. Viele Menschen winken erst mal ab, wenn sie für etwas gelobt werden. Ihre Selbstzweifel sagen ihnen: „Damit bin nicht ich gemeint. Das Kompliment bin ich gar nicht wert." Statt sich zu fragen, bin ich wirklich gut genug, um wertgeschätzt zu werden, sollten Sie gedanklich lieber einen Punkt hinter das Kompliment setzen.

Überprüfen Sie später ganz in Ruhe, auf welche Ihrer Eigenschaften oder Fähigkeiten das Kompliment abzielte und vermerken Sie es sich schriftlich oder im Kopf. Rufen Sie regelmäßig auf, wofür Sie gelobt werden. Sie werden merken, dass Ihr Umfeld sehr viel an Ihnen schätzt. Indem Sie die Komplimente sammeln, bauen Sie eine Art Rüstung gegen Ihre Selbstzweifel. Das Lob für Ihren Fleiß, Ehrgeiz oder Ihre Organisationsfähigkeit kann Ihnen dann niemand mehr absprechen, auch Sie selbst nicht.

• Neben der Annahme von Komplimenten können Sie auch selbst Ihre **Selbstwahrnehmung schärfen und sich nach Ihren Stärken bewerten**. Wenn Sie sich dazu zwingen, einmal nur Ihre guten Seiten herauszustellen, dann wird es Ihnen auch in Zukunft leichter fallen, sich auf diese zu besinnen. Ebenso sollten Sie Ihren inneren Kritiker besänftigen, indem Sie, wenn Sie in ein negatives Gedankenkarussell hineingeraten, die Realität genau in Augenschein nehmen. Rufen Sie „Stopp!". Analysieren Sie die Situation, in der Sie gelandet sind und versuchen Sie, einen realistischen Plan für Ihren Ausweg zu entwerfen.

• Manchen Menschen tut der ewige **Vergleich auf Social Media nicht gut**. Dann kann es helfen, sich von der betreffenden Plattform eine Pause zu nehmen, um den Triggern, die zum Beispiel zum Körpervergleich anregen, eine Weile aus dem Weg zu gehen.

• Vielen Menschen hilft es, wenn sie ihre Selbstwirksamkeit kennenlernen und ihr Leben aktiver selbst in die Hand nehmen. Dazu gehört auch, offen **auf schwierige Situationen und Konflikte zuzugehen**. Dabei kann es auch helfen, Freunde oder Familie um Rat und Unterstützung zu fragen, und wenn das niedrige Selbstwertgefühl für einen längeren Zeitraum das Leben bestimmt, auch professionelle Hilfe in Anspruch zu nehmen.

• Ebenso kann es guttun, wenn Sie **anderen helfen**. Es ist erwiesen, dass Menschen gern anderen Menschen helfen, denn dabei wird das Belohnungssystem im Gehirn aktiviert. „Wir betrachten uns als edel, stark und sind zufrieden mit der noblen Geste“ (Mai). Darüber hinaus wird das Gemeinschaftsgefühl gestärkt, welches ebenfalls ein Gefühl des Glücks bei dem Helfenden auslöst.

• Auch das **Training der lösungsorientierten Zielsetzung**, eine der sieben Säulen, wird Ihnen neben mehr Resilienz auch zu mehr Selbstwertgefühl verhelfen. Sie werden bei dem Erreichen kleiner Erfolge schnell merken, was Sie alles Tolles leisten und später auch besser an größeren Zielen arbeiten können. Bauen Sie Zwischenziele auf dem Weg zu Ihrem großen Ziel ein. Sie werden viel motivierter sein, erst mal nur eine Aufgabe zu erledigen, wie bei einem Essay erst mal nur ein Kapitel des Hauptteils zu schreiben. Dieses Ziel lässt sich stringent verfolgen, Sie kommen nicht vom Weg ab und nach einigen Stunden haben Sie es schon geschafft und können sich zum Beispiel eine Pause und einen leckeren Kaffee gönnen. Im Anschluss fällt die Arbeit mit einem weiteren gut erreichbaren Ziel auch viel leichter und Sie werden merken: Ihr Selbstwertgefühl steigt mit jedem kleinen Etappensieg.

11.3 DIE SELBSTWIRKSAMKEIT

„Unter **Selbstwirksamkeitserwartung** (self-efficacy beliefs) versteht die kognitive Psychologie die **Überzeugung einer Person, auch schwierige Situationen und Herausforderungen aus eigener Kraft erfolgreich bewältigen zu können**“ (psychomeda.de).

Es geht folglich nicht um die reale Selbstwirksamkeit, wie viel eine Person tatsächlich aus eigener Kraft bewirken kann, sondern **um** den **Glauben an**

die eigene Wirkmacht in der Umwelt. Das Konzept der Selbstwirksamkeit, welches von dem Psychologen Albert Bandura stammt, „beinhaltet das bei Personen unterschiedlich stark ausgeprägte Zutrauen in die eigenen Möglichkeiten und Kompetenzen, Aufgabenanforderungen wirksam bewältigen zu können" (Spektrum.de).

Ein hohes Vertrauen auf die eigenen Fähigkeiten und Tüchtigkeit ermöglicht es, gute Leistungen zu erzielen. Nur wer an seine Wirksamkeit und Erfolgschancen glaubt, ist überhaupt in der Lage, ein Problem anzugehen. „Wir tun also prinzipiell nur was, von dem wir auch glauben, es tun zu können" (Mai).

11.3.1 Die Entwicklung der Selbstwirksamkeitserwartung

Die Erfahrung der Selbstwirksamkeit oder des Fehlens dieser machen schon ganz kleine Kinder. Indem sie Ziele erreichen, wie selbstständig zu dem Spielzeug zu krabbeln, lernen sie, dass sie über die Fähigkeiten verfügen, ihre Wünsche zu erfüllen.

Ein **Beispiel**, welches den **Prozess der sich entwickelnden Selbstwirksamkeit** widerspiegelt, ist **das Laufen-Lernen**. Zu Anfang wird das Kleinkind versuchen, sich in eine stehende Position zu bewegen. Dafür zieht es sich an stabilen Gegenständen hoch oder wird von einer Erziehungsperson gestützt. - Schon jetzt ist sichtbar, dass sich Selbstwirksamkeit im Kindesalter nicht ohne die Hilfe von Erwachsenen erlernen lässt. -

Steht das Kind, wird es sich vermutlich über die ungewohnte Position, in der sich alle seine Vorbilder befinden, freuen. Doch da seine Muskulatur und kognitiven Fähigkeiten noch nicht ausgeprägt sind, wird es schwanken und kurz darauf wieder auf den Boden fallen. Hat es jedoch Freude an der Übung und wird von außen bestärkt, wird es immer wieder aufstehen und dabei die nötigen Muskeln und Nervenverbindungen trainieren und ausbilden.

Schließlich wird der Moment kommen, an dem es loslassen kann und das erste Mal ganz allein steht. Im Anschluss wird der erste Schritt gewagt. Auch dieser wird in einem Sturz enden, doch mit viel Training wird das Kind sich immer besser ausbalancieren können und mit der Zeit erfolgreicher werden.

Wird es in diesem Prozess ermutigt, auch wenn die Motivation mal zu Ende ist, wird es sich für die Zukunft einprägen, dass die vielen Fehlversuche zu dem Prozess des Lernens dazugehören. Es wird diesen zunehmend neutral gegenüberstehen und sich dafür gemeinsam mit seinen Eltern über seine kleinen Erfolge wie dem dritten Schritt besonders freuen können.

Wird es jedoch in seiner Entwicklung gehemmt, indem ihm jeder Erfolg abgesprochen und auf die dazu benötigten Hilfsmittel verwiesen wird, dann lernt es nicht, den Zusammenhang zwischen seinen eigenen Fähigkeiten und seinen Leistungen zu erkennen. Es wird Erfolge nicht als von seiner eigenen Person erwirkt sehen und sich zunehmend als machtlos wahrnehmen.

Auch später, zum Beispiel in der Schule, ist es elementar, dass die Bezugspersonen des Kindes gute Noten mit dem fleißigen Lernen und den Eigenschaften wie der Klugheit des Kindes verbinden und nicht auf einen besonders einfachen Test oder die wohlwollende Benotung des Lehrers schieben. Die Erfahrung um die eigene Wirkmächtigkeit muss in der Kindheit und eigentlich im ganzen Leben immer wieder gemacht werden, um den Glauben daran aufzubauen und zu erhalten. Die Selbstwirksamkeitserwartung besteht von Baby an und kann im Laufe des Lebens stetig verändert werden.

Eine geringe Überzeugung in die eigene Selbstwirksamkeit kann somit auch noch später im Leben entstehen. So wie sie erlernt werden kann, kann sie leider auch verlernt werden. Dies geschieht, wenn Menschen häufig, zum Beispiel innerhalb einer bestimmten Gruppe wie dem Kollegenkreis, ihre Möglichkeiten zum Erfolg abgesprochen werden.

So wird Frauen häufig die Kompetenz der Durchsetzungskraft und Verhandlungsstärke abgesprochen. Bekommt die Person oft genug zu hören, dass sie das Kundengespräch oder die Verhandlung mit dem Lieferanten nicht hinbekommen wird, auch wenn sie es eigentlich kann, wird sie irgendwann den Glauben an diese Fähigkeiten verlieren. Übernimmt sie an diesem Punkt, wo sie die Überzeugung der Kollegen (unbewusst) übernommen hat, die Verhandlung, dann ist es gut möglich, dass sie scheitert, weil sie durch diese negativen erlernten Glaubenssätze gehemmt und unsicher im Umgang mit ihren Fähigkeiten ist.

Ein schönes **Beispiel**, wie zum Beispiel **Ängste aufgrund einer fehlenden Selbstwirksamkeitsüberzeugung überwunden werden können,** beschreibt Enid Blyton in ihrem **Buch „First Term at Malory Towers“** aus dem Jahr 1946. Darin hat eine zwölfjährige Schülerin Angst vor dem Wasser, vor der Dunkelheit und vor vielem mehr. Sie fühlt sich ihrer Umgebung vielfach ausgeliefert und ist sich nicht ihrer Selbstwirksamkeit bewusst. Ihre Freundinnen überlegen sich einen Plan, wie sie Mary-Lou von ihrer Selbstwirksamkeit überzeugen können. Eine von ihnen tut so, als bräuchte sie Hilfe im Wasser und Mary-Lou soll ihr den Rettungsring zuwerfen und sich im Anschluss als tatkräftige Heldin fühlen können.

Der Plan wird vorbereitet, Mary-Lou steht als Einzige bereit, ihrer Freundin helfen zu können, und diese beginnt zu schauspielern. Da der Rettungsring an diesem Tag allerdings nicht an seinem Platz hängt, springt die schwache Schwimmerin Mary-Lou ins Wasser, um ihre Freundin zu retten. Sie tut das, was sie sich sonst niemals getraut hätte und ist im Anschluss ganz verwundert, dass sie in dem Moment keine Angst verspürte, sondern nur an ihre Freundin dachte. Mit dem Wissen um ihren Mut, der sie dazu befähigte, ihrer Freundin zu helfen, überwindet sie kurz darauf auch ihre Angst vor der Dunkelheit und wird zunehmend resilienter gegenüber ihren Ängsten.

11.3.2 Die Bedeutung der Selbstwirksamkeit für die Resilienz

Wie wichtig die Überzeugung an Ihre Selbstwirksamkeit für Ihr Leben allgemein ist, wurde nun dargestellt. Sie hat darüber hinaus einen beträchtlichen Einfluss auf die Resilienz und deren Säulen. **Menschen, die über eine hohe Selbstwirksamkeitserwartung verfügen, nehmen weniger Situationen im Leben als bedrohlich und somit stressauslösend wahr als Menschen mit einer geringeren Erwartung an ihre Selbstwirksamkeit. Sie fühlen sich im Leben weniger hilflos, sondern den Anforderungen im Leben gewachsen**. Dies führt wiederum dazu, dass sie entspannter und resilienter sind.

Eine besonders enge Verknüpfung besteht zudem zwischen der Selbstwirksamkeit und der Lösungsorientierung. Wer auf seine Fähigkeiten vertraut, ist auch bereit, zielorientiert zu denken und neue Wege auf der Suche nach Lösungen zu beschreiten. Menschen, die positive Erfahrungen mit ihren Kompetenzen und den daraus resultierenden Leistungen gemacht haben, werden diese immer wieder einsetzen und in hohem Maße auf diese vertrauen. Je breiter dieses Kompetenzfeld durch schon durchlebte Problemsituationen ist, desto einfacher und sicherer können sie neue und auch unbekannte Probleme angehen.

Zu diesen Kompetenzen gehören nicht nur Stärken wie Ehrgeiz oder Klugheit. Auch das Wissen, andere um Hilfe fragen und diese auch erwarten zu dürfen, wird erst durch positive Erlebnisse möglich. So bezieht sich die Selbstwirksamkeitserwartung nicht nur auf Sie und das Problem, sondern ermöglicht auch, Unterstützung in Anspruch zu nehmen. Vor allem aber ermöglicht Ihnen eine hohe Erwartung an Ihre Selbstwirksamkeit, im Leben aktiv zu werden und selbstbewusst zu leben. Mit dieser Eigenschaft wird es Ihnen leichter fallen, anzufangen. Auch Sie kennen bestimmt den Spruch „Aller Anfang ist schwer“. Ihr Glaube an die Selbstwirksamkeit schützt Sie vor einem allzu schweren Beginn und stärkt somit Ihre Resilienz.

Eine ausgeprägte Selbstwirksamkeitserwartung wirkt sich

darüber hinaus auch positiv auf die Motivation und die Erarbeitung einer Problemlösestrategie, wie einem Trainings- oder Lernplan, aus. In der Erziehung gilt daher der Grundsatz: Lieber ein Kind in einem kleinen und sicheren Rahmen scheitern lassen, als ihm alle Hürden aus dem Weg zu räumen. Ist die Hürde kindgerecht und nach einigen Versuchen zu überwinden, dann steigert das die Motivation. Nach diesem Vorbild können Sie sich kleine bezwingbare Hürden, zum Beispiel in Form von **Etappenzielen**, bauen. Wird der Umgang mit kleinen Rückschlägen und Fehlversuchen von Anfang an trainiert, entwickelt sich eine höhere Frusttoleranz, ein höheres Durchhaltevermögen und es fällt leichter, sich zu motivieren.

Auch die Säule des Selbstbewusstseins steht in einem engen Verhältnis zu diesem Resilienzfaktor. Erlebt jemand von klein auf, dass er Dinge selbst erwirken und schaffen kann, entwickelt er Selbstbewusstsein. „Ich kann das", lernt die Person auf diese Weise. Der Effekt wird potenziert, wenn sie von Bindungspersonen zurückgemeldet bekommt, dass auch diese glauben, dass sie etwas schaffen kann.

Zu guter Letzt sorgt eine gute Selbstwirksamkeit auch für eine gesunde Portion Optimismus. Nur wer daran glaubt, dass eine Krise überwunden werden kann, kann optimistisch an sie herantreten und die Kraft finden, sie zu überwinden.

11.3.3 Der Weg zu mehr Glaube an die eigene Selbstwirksamkeit

Der Glaube an Ihre Selbstwirksamkeit schöpft sich aus Ihrem Erfahrungsschatz. Dieser hilft Ihnen, neue Situationen einzuordnen und dabei zu beurteilen, wie sicher Sie ein Problem lösen können. Aus Ihren Erfahrungen, die Sie entweder in Ihrer Selbstwirksamkeit bestärkten oder verunsicherten, speist sich somit Ihre Haltung zu Ihrer eigenen Stärke und Ihrer Fähigkeit, auf sich selbst zu vertrauen. Selbstwirksamkeit ist eine erlernte Einstellung, die Ihr Verhalten stark prägt. Sie machen in Ihrem Leben immer wieder neue Erfahrungen, die sich auf Ihre Selbstwirksamkeit auswirkt, lernen also folglich immer weiter.

Aus diesen Erkenntnissen lässt sich ganz einfach ein Schritt für Ihren Weg zu mehr Selbstwirksamkeit ableiten: Machen Sie gute Erfahrungen und nehmen Sie diese als solche wahr. Voll und ganz durchlebte Erfolge zeigen Ihnen, dass Sie das schaffen können, was Sie sich vornehmen und dass Sie es selbst in der Hand haben, Ihre Ziele zu erreichen. Diese Erfolge müssen nicht groß sein. Eine Olympiamedaille ist eine herausragende Trophäe, aber für einen Menschen kann der erste komplett gelaufene Halbmarathon einen ebenso großen Erfolg darstellen. Feiern Sie sich in einem solchen Moment dafür, in das Ziel gekommen zu sein. Machen Sie sich noch einmal klar, wie hart Sie für diesen Moment trainiert haben und wie viel Willen es auf den letzten drei Kilometern gekostet hat, nicht aufzugeben. Dieser Gedanke „Ich habe es geschafft!“ sollte bei fast allen Menschen häufiger gedacht werden. Durch die Selbstwürdigung erhöht sich Ihr Glaube an Ihre Selbstwirksamkeit auch langfristig. Um einen Erfolg denkwürdig zu feiern, können Sie richtig feiern, manchmal tut es aber auch ebenso gut, sich mit einem Wein oder einer Cola ganz gemütlich auf die Couch zu setzen und positiv auf den gelungenen Tag zurückzuschauen.

Steigern Sie die Herausforderungen, die Sie angehen wollen, langsam. Um die Relevanz eines langsamen Tempos bei dem Machen von Erfahrungen, die Ihre Selbstwirksamkeit stärken sollen, zu zeigen, folgt an dieser Stelle ein Beispiel aus dem Sport. Wenn eine Person anstrebt, einen Marathon zu laufen, wird sie nicht zuerst versuchen, die gut vierzig Kilometer zu laufen. Probiert jemand es im untrainierten Zustand doch, wird er garantiert eine böse Überraschung erleben. Es werden sich vermutlich nach wenigen Kilometern die ersten Blasen an den Füßen entwickeln, ihm wird die Puste ausgehen, sodass er abbrechen muss, und am nächsten Tag wird er wahrscheinlich einen kräftigen Muskelkater haben. Zusammengenommen wird ein angehender Läufer diesen Versuch als Versagen bewerten, da er es nicht geschafft hat, die vorgenommene Strecke zu laufen.

Sein Vertrauen auf die Fähigkeit, eine bestimmte Strecke laufen zu können, diese Leistung selbst erwirken zu können, wird sinken. Seien Sie klüger als dieser fiktive Läufer. Wenn Sie mit kleinen Strecken beginnen, wie zwei bis drei Kilometerläufe, sich ordentlich dehnen und ein bis zweimal die Woche auch ein wenig Krafttraining mit in das Training hineinfließen lassen, können Sie die Entfernung der Läufe immer weiter ausdehnen. Nach wenigen Wochen sollten Sie dann fünf bis sieben Kilometer schaffen. Schließlich zehn und immer so weiter. Am erfolgreichsten werden Sie sein, wenn Sie regelmäßig trainieren und die Intensität des Trainings bzw. Entfernung der Läufe langsam steigern.

Steigert ein Sportler die Trainingsintensität zu schnell, kann es zu Verletzungen kommen. Läufer, deren Beinmuskulatur noch nicht hinreichend für die höhere Belastung trainiert ist, verletzen sich zum Beispiel häufig am Knie, da es durch die fehlenden stützenden Strukturen überbelastet wird. Diese Verletzung ist vergleichbar mit einem zu herausfordernden Problem, dem Sie noch nicht gewachsen sind. Sie scheitern daran und Ihr Vertrauen auf Ihre Selbstwirksamkeit, zum Beispiel eine bestimmte Strecke laufen zu können, sinkt.

So wie bei einer Vorbereitung auf ein bestimmtes Trainingsziel kann es auch bei größeren Herausforderungen im Leben Setbacks geben. Vergleichbar mit einer Erkältung, die Sportler zu einer Pause zwingt, kann es sein, dass Ihr Ziel, wie das erste Mal eine Präsentation frei auf einer Bühne zu halten oder selbstsicherer im Kundengespräch zu wirken, in die Ferne rückt, weil Ihnen etwas dazwischenkommt, wie plötzliche Mehrarbeit in einem Projekt, die Ihre Ressourcen bindet. Doch wenn Sie sich stetig kleine Zwischenziele setzen, wird Ihre Selbstwirksamkeit durch die kleinen Erfolge kontinuierlich gestärkt, sodass Sie immer sicherer auf weitere Herausforderungen zugehen können und auch Verzögerungen Ihre positive Entwicklung nicht beeinträchtigen können.

11.4 DIE SELBSTREGULATION

Der Landesbildungsserver Baden-Württemberg definiert die Selbstregulation folgendermaßen: „Selbstregulation ist die Fähigkeit, eigene Gedanken, Gefühle und Verhalten an die Anforderungen einer bestimmten Situation anzupassen, um eigene Ziele optimal verfolgen zu können". Menschen steuern also ihr Verhalten in Hinblick auf bestimmte gesetzte Intentionen. Dazu braucht es regulative Strategien. Diese können jedoch nur erfolgreich sein, wenn ein Mensch über eine ausgeprägte Selbstwirksamkeitserwartung (vorheriges Kapitel) verfügt. Nur wer über Glauben an die eigene Selbstwirksamkeit verfügt, kann regulative Strategien selbsttätig und gezielt anwenden. Diese bestehen aus Prozessen der Zielsetzung, Planung und Handlungsausführung sowie der Handlungsbewertung. Die verschiedenen Prozesse beeinflussen sich gegenseitig durch die sogenannte Rückkopplung.

Durch den Vergleich des tatsächlich angewandten Verhaltens mit dem von der Person angelegten Standard für das ideale Verhalten in einer bestimmten Situation wird der Ist-Zustand mit Blick auf das Soll-Verhalten bewertet. Diese Bewertung führt zu einem Ergebnis, nach dem das angewandte Verhalten als gut, es soll in Zukunft wieder zum Tragen kommen, oder als nicht angebracht bewertet wird. In so einem Fall wird überlegt, in welche Richtung das Verhalten angepasst werden soll, um an das gedachte Ideal, dem Soll, heranzukommen. Es wird bei einer gut funktionierenden Selbstregulation folglich in einem ewigen Kreislauf gehandelt, bewertet und reguliert, also angepasst bzw. verstärkt. Auf diese Weise werden die Leistungen und Ergebnisse der Person immer besser, was wiederum die Selbstwirksamkeitserwartung stärkt.

In der Selbstregulation ist neben der Verhaltensregulation auch die Emotionsregulation inbegriffen. Diese verläuft in ihrem Prozess wie die Verhaltensregulation, nur dass es dabei um die Regulierung der Emotionen eines Menschen geht. Die Gefühle und Emotionen werden dabei stetig kontrolliert, verarbeitet und beeinflusst. Dies ist besonders in emotional herausfordernden Situationen wie Schicksalsschlägen wichtig, um nicht in langer Trauer oder im anhaltenden Frust zu versinken. Stattdessen wird die Funktionsfähigkeit des Menschen durch die Regulierung der Trauergefühle wiederhergestellt. Das zu diesem Zweck genutzte Verhalten steigert dabei die Resilienz.

11.4.1 Die Entwicklung der Selbstregulation

Die Selbstregulationsprozesse können nur zum Tragen kommen, wenn eine Person über das Wissen über einen bestimmten Soll-Zustand in einer bestimmten Situation verfügt. Dazu muss ein Mensch erst mit gesellschaftlichen Normen und Werthaltungen in Kontakt kommen und diese verinnerlichen. Dr. von Suchodoletz beschreibt diesen Sachverhalt passend: „Das Bewusstsein über sozial angemessenes Verhalten gilt dabei als Voraussetzung für eine erfolgreiche Selbstregulation, die es ermöglicht, ein integriertes Mitglied der Gesellschaft zu werden“. Eine angemessene Entwicklung der Selbstregulation spielt somit für die Gesamtentwicklung eines Kindes zum Erwachsenen eine zentrale Rolle.

Zentral für die entwicklungspsychologische Forschung sind die Erkenntnisse des Entwicklungsmodells von Claire Kopp aus dem Jahr 1982. Es findet demnach während der Entwicklung der Selbstregulation ein dynamischer Prozess statt. Dieser wird zum einen beeinflusst durch die kindlichen Merkmale und zum anderen durch äußere Einflüsse. Zu Anfang sind Kinder noch zu sehr auf ihre Bezugspersonen angewiesen, um ihr Verhalten und ihre Emotionen zu regulieren. Durch die stetige Rückkopplung und das Erlernen der Verhaltensideale übernimmt das Kind mit der Zeit immer mehr regulative Prozesse selbst.

Kopp unterscheidet verschiedene Entwicklungsphasen. „Die neurophysiologische Phase im Alter von 2 bis 3 Monaten ist dadurch gekennzeichnet, dass größtenteils die Bezugsperson auf Erregungszustände des Kindes reagiert, um das Verhalten zu regulieren“ (Dr. von Suchodoletz).

Die noch fehlende Selbstregulation des Babys lässt sich gut an seinem Verhalten erkennen. Ein Baby schreit zum Beispiel, um darauf aufmerksam zu machen, dass es müde ist und sich deshalb nicht gut fühlt. Es ist an den erwachsenen Bezugspersonen, wie den Eltern, zu erkennen, warum das Kind schreit, um anschließend das Problem lösen zu können und es zu beruhigen. Das Baby fühlt seine Müdigkeit und das damit verbundene Unwohlsein, es kann sich jedoch noch nicht selbst „runterbringen", um in den Schlaf fallen zu können. Die Bezugspersonen übernehmen stellvertretend diesen Schritt der Emotionsregulation, indem sie das Baby trösten, und regulieren dabei sein Verhalten. Sie geben eine Hilfestellung, damit das Kind sich beruhigt und einschlafen kann. In den folgenden sechs Monaten (etwa bis zum 9. Monat) kann das Kind vermehrt sein Verhalten unmittelbar an die Reize der Umgebung anpassen.

Zwischen dem 9. und 18. Monat wird sich ein Kind sozialer und aufgabenspezifischer Anforderungen bewusst und lernt, sein Verhalten zu kontrollieren, indem es sich entsprechend diesen Anforderungen verhält. Allerdings ist ein Kind erst ab der Mitte des zweiten Lebensjahres in der Lage, sich auch bei Abwesenheit der Eltern als externaler Kontrollinstanz entsprechend den sozialen Erwartungen und Regeln zu verhalten" (Dr. von Suchodoletz).

Erst ab Vollendung des dritten Lebensjahres kann von einer vollkommenen Selbstregulation gesprochen werden. Nun kann sich das Kind an die Situation anpassen und flexibel selbst regulieren. Diese Selbstregulation wird in der folgenden Zeit durch die sich weiterentwickelnden Fähigkeiten der Perspektivenübernahme und Internalisierung gestärkt. Diese fördern die Übernahme von Wertvorstellungen, an denen das Kind sein eigenes Verhalten messen kann. Wie gut die Selbstregulation in den ersten Lebensjahren ausgebildet wird, hängt somit stark an der Qualität der Bindung des Kindes zu seinen Bezugspersonen.

Ein wichtiger Aspekt bei dem Erlernen der Selbstregulierung ist das Lernen der Sprache. Nur wenn jemand seine Gefühle benennen und unterscheiden kann, kann es die richtigen Strategien übernehmen. Je älter ein Kind wird, desto wichtiger ist es also, dass die Bezugsperson zum Beispiel die Gefühle Ärger oder Trauer klar benennt, wenn sie diese anschließend reguliert. Es ist für alle Beteiligten leichter, wenn eine Person ausdrücken kann, warum es ihm nicht gut geht, da ihm so gezielter geholfen werden kann. Außerdem kann das Kind so bestimmte Strategien leichter mit einer bestimmten (benennbaren) Emotion verknüpfen und tut sich bei dem gezielten Einsatz leichter.

11.4.2 Die Bedeutung der Selbstregulation für die Resilienz

Die Selbstregulation, also die Regulation Ihres Verhaltens als auch Ihrer Emotionen, hat einen sehr starken Einfluss auf Ihre Resilienz. So stark, dass manche diesen Aspekt auch als eine der Hauptfaktoren für eine hohe Resilienz bezeichnen. So setzt **Dr. Sitter** eine gute Selbstregulation mit dem Vorhandensein von Resilienz gleich:

> **„Wir sind uns häufig nicht bewusst oder unterschätzen sogar, wie viel Einfluss wir selbst doch auf unsere Stimmung und unsere Verfassung nehmen können. [...] Resilienz bedeutet in diesem Zusammenhang, uns selbst im Hinblick auf unterschiedliche Befindlichkeiten und Situationen angemessen zu steuern - uns entweder aktivieren oder beruhigen zu können, je nachdem, was wir brauchen und was die Umstände fordern - um so immer wieder zu stimmiger Balance zu finden."**

Ganz so weit wird in diesem Buch nicht gegangen, aber Ihre Fähigkeiten in Bezug auf die Selbstregulation hat in jedem Fall einen sehr hohen Stellenwert für Ihren Umgang mit Herausforderungen. **Ein Beispiel mit Bezug auf die Emotionsregulation** soll Ihnen dies veranschaulichen. Menschen mit einer guten Selbstregulation in Bezug auf Ihre Emotionen können sowohl privat als auch beruflich besser mit Stress umgehen.

Paul hat **vor** dem jährlichen **Mitarbeitergespräch Angst**. Personen mit Autorität machen ihn nervös, ganz besonders, wenn er der Einzige ist, der in deren Ziellinie steht. In seinem ersten Jahr hatte er noch einen anderen autoritäreren Chef. Er nahm sich damals ein Herz und sprach eine Gehaltserhöhung an. Sein Chef lachte ihn aus. Er sei viel zu jung und seine Leistung würde ja wohl eher für ein niedrigeres Gehalt sprechen, hieß es. Er solle froh sein, dort arbeiten zu dürfen und solle erst mal an sich selbst arbeiten, bevor er dreist Forderungen stellt.

Nun traut Paul sich auch bei dem neuen, deutlich netteren Chef nicht mehr, irgendetwas zu verlangen und fürchtet den Tag des Gesprächs lange im Voraus. Durch diese einprägende Erfahrung kann er seine Gefühle bei einem anstehenden Treffen mit dem Chef schlecht kontrollieren. Er glaubt, dass seine Emotionen ihn nun davon abhalten werden, in dem Gespräch vernünftig argumentieren zu können.

Schon eine Stunde vor dem Termin werden seine Hände schwitzig und sein Herzschlag nimmt Tempo auf. Er ist massiv gestresst. In den Gesprächen der letzten Jahre fiel ihm vor lauter Angst zudem das Denken schwer. Seine Gedanken kreisten um sich selbst und er war schon überfordert, den Worten seines Vorgesetzten zu folgen und sich gleichzeitig nichts von seiner unprofessionellen Panik anmerken zu lassen.

Schließlich will Paul als kompetenter Mitarbeiter des Unternehmens, der eine tadellose Arbeit leistet, nicht als schwach und ängstlich wahrgenommen werden. Aus Scham will er sein „Problem“ daher auch nicht im Kollegenkreis ansprechen, auch wenn er genau weiß, dass sie ihm ein besseres Gehalt gönnen und ihn auf dem Weg dorthin unterstützen würden. Die Gehaltserhöhung ansprechen, ist über die Jahre zu einem echten roten Tuch geworden. Sie erkennen: Pauls Resilienz lässt in Situationen, in denen er auf seinen Vorgesetzten trifft und etwas (ihm zustehendes) einfordern will, zu wünschen übrig. Er muss seine Emotionsregulation verbessern. Tut er dies, wird auch seine Resilienz gestärkt und die Stresssymptome werden nachlassen. Er wird nach genügend Training in das Büro seines Chefs gehen und selbstbewusst darlegen können, warum er eine Gehaltserhöhung verdient hat.

Wer ein großes Problem mit seiner Selbstregulation hat, erlebt sein eigenes Verhalten und seine Gefühlslagen fast schon als fremdbestimmt. Es wird nur noch reagiert, statt agiert, was äußerst unangenehm für einen Menschen sein kann. Menschen, die nicht aktiv ihr Leben bestimmen, fühlen sich häufig angespannt und haben das Gefühl, ständig funktionieren zu müssen. Das kann sehr zermürbend und anstrengend sein, auch wenn es den Betroffenen, besonders wenn sie sich selbst nur schlecht wahrnehmen können, häufig erst spät auffällt. Sie sind dann von sich und ihrer unzureichenden Kontrolle über ihr Leben enttäuscht. Trotz dessen ist es möglich, die Kontrolle über das eigene Verhalten und/oder die eigenen Emotionen zurückzuerhalten.

11.4.3 Der Weg zu einer verbesserten Selbstregulation

Selbstregulation, die auch häufig mit der Fähigkeit zur Selbstbeherrschung gleichgesetzt wird, hängt zum Teil auch mit Ihrem Hang zur Impulsivität zusammen. Sie lässt sich ebenso in jedem Alter trainieren, hängt aber auch mit genetischen und soziokulturellen Faktoren zusammen. Manchen Menschen fällt es „von Haus aus", also durch ihre Erziehung oder ein etwas gleichmütigeres Wesen, leichter, nicht immer wieder spontan dem Drang nach Bedürfnisbefriedigung zu erliegen. Sie können mit einigen Fragen leicht herausfinden, wie sehr Ihre Selbstregulation in Bezug auf verschiedene Aspekte ausgeprägt ist. Im Anschluss werden Sie noch einige Tipps erhalten, um die Selbstregulation zu verbessern. Die Ergebnisse sollen Sie jedoch auch dabei unterstützen, bei weiterem Interesse selbstständig nach zu Ihnen passenden Lösungen zu suchen.

In Bezug auf Ihre Emotionsregulation können Sie sich fragen:

- Sind Sie leicht aus der Fassung zu bringen?
- Sind Sie nach Schicksalsschlägen lange niedergeschlagen und nicht in der Lage, Ihre Gefühlswelt bewusst ins Positive zu steuern? (Sind Sie sehr lange in einer sehr traurigen oder tauben Stimmung? Oder wechselt diese stark, ohne dass Sie etwas dagegen tun können? Dann kann es nötig sein, sich professionelle Hilfe zu suchen. Merken Sie, dass Sie nicht in der Lage sind, Ihre Emotionen effektiv zu kontrollieren, ist dies kein Zeichen für Schwäche oder zu wenig Motivation, sondern kann auf eine psychische Erkrankung hindeuten, die behandelt werden sollte.)
- Können Sie sich in Stresssituationen gut beruhigen?
- Neigen Sie dazu, Ihre Gefühle und Emotionen stark zu unterdrücken, sodass Sie an Kraft einbüßen?
- Können Sie bewusst Ihren Emotionen bei einem schönen Event freien Lauf lassen und sich dabei nicht von Sorgen, zum Beispiel bezüglich der Arbeit, ablenken lassen?
- In Bezug auf Ihre Verhaltensregulation können Sie sich fragen:
- Halten Sie Ihre Absichten und das damit verbundene Verhalten auch in Angesicht von Hindernissen aufrecht?
- Reagieren Sie häufig impulsiv? (Beispiele hierfür sind: Spontankäufe, „kopfloses“ Verhalten, Schwierigkeiten, Projekte zum Abschluss zu bringen)

Wenn einige der Ergebnisse auf eine ausbaufähige Selbstregulation hindeuten, sollten Sie an sich arbeiten und die Selbstregulation trainieren. Dazu müssen Sie keine übertriebene Disziplin anwenden und es geht auch nicht darum, dass Sie zur Selbstoptimierung gezwungen werden. Wie in den vorherigen Kapiteln erläutert wurde, soll die Selbstregulation dazu dienen,

Ihnen das Leben zu erleichtern und insgesamt resilienter und stressresistenter zu werden.

Um das eigene Verhalten besser bewerten und im Anschluss regulieren zu können, hilft es häufig, auf Distanz zu dem Sachverhalt zu gehen. Oftmals ist es auch sinnvoll, die Dinge aus einer anderen Perspektive zu betrachten. Schauen Sie auf sich und die Situation mit den Augen eines Freundes oder eines Familienmitglieds, dem Sie vertrauen. Was würde er sagen, tun oder fühlen? Alternativ können Sie auch überlegen, was Sie ihr raten würden, wenn diese Person in Ihrer Haut stecken würde. Häufig ergeben sich durch solche Überlegungen schon gute Lösungsansätze. Außerdem halten Sie so kurz inne, bevor Sie eine Entscheidung treffen. Das stärkt Ihre Inhibition und verringert die Wahrscheinlichkeit, impulsiv zu reagieren.

Versuchen Sie Ihre aufgewühlten Emotionen mit Überlegungen zu der Verhältnismäßigkeit Ihrer Reaktion in Verbindung zu bringen. Regen Sie sich ganz furchtbar über die schlecht gemachten Hausaufgaben Ihres Kindes auf, dann halten Sie kurz inne und fragen sich: Welche Auswirkungen haben diese Auswirkungen auf den Schulerfolg meines Kindes? Rechtfertigen diese Ausmaße die Ausmaße meiner Reaktion?

Vermutlich nicht. Die Hausaufgaben werden von der Lehrerin vielleicht mit einer kleinen schlechten Mitarbeitsnote quittiert, die sich durch ein paar gute Wortmeldungen wieder ausgleichen lässt. Aber Ihr Tobsuchtsanfall kann die Beziehung zwischen Ihnen und Ihrem Kind ernsthaft belasten. Indem Sie sich einen Moment nehmen, das dürfen Sie anderen auch so kommunizieren, machen Sie Platz für logische Überlegungen, die Sie befähigen, aktiv und besonnen zu handeln, anstatt Ihre Impulsivität wild gewähren zu lassen.

Eine gute Selbstregulation beruht auf einer guten Selbstwahrnehmung. Es ist schwierig, gegen ein bestimmtes Verhalten anzusteuern oder eine bestimmte Emotion zu regulieren, wenn Ihnen nicht bewusst ist, aus welchem Grund Sie sich unwohl fühlen oder Wut in Ihnen aufsteigt. Sie werden merken, je besser Sie sich kennenlernen, desto einfacher können Sie gezielt Techniken der Selbstregulation anwenden.

Sollten Sie ein besonders großes Problem mit Ihrer Selbstregulation haben, dann sollten Sie auch Ihre Bindungsfähigkeit unter die Lupe nehmen und je nach Bedarf neben Ihrer Selbstregulation auch an dieser arbeiten. Die Selbstregulation geschieht immer in einem sozialen Umfeld und die Fähigkeit der Bindung zu anderen Menschen, wie Freunden oder Familienmitgliedern, hat einen großen Einfluss auf Ihre Regulationsfähigkeit. Selbstregulation geht nämlich nicht nur von dem Menschen aus, sondern wird auch auf verschiedenen Ebenen von außen beeinflusst.

Dies geschieht einmal, wenn die Selbstregulation im Kindesalter erlernt wird, aber auch noch später. So kann ein Freund oder Ihr Partner Ihnen dabei helfen, in einer Stresssituation Ruhe zu bewahren. Die Fähigkeit, diese Unterstützung anzunehmen und für Ihre Selbstregulation zu nutzen, ist unheimlich wertvoll und darf nicht unterschätzt werden. Daher gilt, dass Menschen, die aufgrund schlechter Erfahrungen keine Hilfe bei Ihrer Selbstregulation annehmen können, erst einmal wieder Vertrauen in Ihre Mitmenschen aufbauen müssen, um die Regulationsprozesse in all ihrer Vielfalt für sich nutzen zu können.

Versuchen Sie nicht, eine übermäßig ausgeprägte Selbstregulation anzustreben. Wer stets verzichtet und alles für seine Ziele und Ansichten gibt, kann sich schnell überanstrengen. Das ist nicht gesund. Sie sollten Ihre Fähigkeiten zur Selbstregulation auch nicht überschätzen. Auch wenn Sie gute Erfahrung gemacht haben und fest an Ihre Selbstwirksamkeit in Bezug auf Ihre Selbstbeherrschung glauben, kann dennoch etwas schiefgehen und Sie können ernsthaft Schaden nehmen. Es gibt immer unkontrollierbare Situationen, denen Sie sich auch trotz einer guten Selbstregulation nicht aussetzen sollten. Ein trauriges Beispiel, in denen sich Menschen tendenziell häufiger in dieser Eigenschaft überschätzen, ist der Umgang mit süchtig machenden Stoffen wie Alkohol oder Drogen. Aufgrund der Häufigkeit dieser Auswirkungen der Selbstüberschätzung soll dieser Aspekt hier nicht unerwähnt bleiben.

Streben Sie ein Mittelmaß an, mit dem Sie sich wohlfühlen. Wollen Sie zum Beispiel gesünder leben, lehnen Sie bei der zweiten Portion Sahnetorte lieber ab. Aber es spricht nichts dagegen, mal ein Stück zu essen oder auf etwas weniger Gehaltvolles an der Kaffeetafel auszuweichen.

11.5 DIE MOTIVATION

„Motivation ist die Summe aller bewussten und unbewussten Beweggründe (Antriebskräfte) für alles, was ein Mensch anstrebt oder vermeidet. Diese Energie stammt aus intrinsischen und extrinsischen Quellen“ (Prof. Dr. W. Pelz).

Erst durch die Motivation entwickelt ein Mensch die Bereitschaft, sich anzustrengen, weiterzuentwickeln oder auch Umwege zu gehen, um ein persönliches Ziel zu erkämpfen. Sie ist also ein grundlegender Erfolgsfaktor in allem, was Sie tun. Motivation und die dazugehörigen Motive werden von einem Menschen im Laufe seines Lebens erlernt.

Es gibt **unterschiedliche Arten von Motivation**. Zum einen wird unterschieden zwischen der intrinsischen und extrinsischen Motivation.

Wenn die Motivation, Kraft und Energie für ein bestimmtes Ziel aufzuwenden, aus Ihnen herauskommt, handelt es sich um eine **intrinsische Motivation**. Sie handeln um der Handlung selbst willen auf eine bestimmte Art und Weise. Klassische Beispiele hierfür sind Dinge, die Sie gern tun, wie bei einem Hobby, welches Sie um seiner selbst willen ausüben. Auch Ehrgeiz und persönliche Ziele, wie der Wunsch, studieren zu wollen, können dazu motivieren, sich zum Beispiel beim Abitur besonders anzustrengen. Um eine **extrinsische Motivation** handelt es sich, wenn die Motivation von außen kommt. Dann wird eine Handlung vor allem in Bezug auf äußere Konsequenzen, wie einer Belohnung oder Bestrafung, durchgeführt.

Beispiele sind das Arbeiten gehen, um Geld zu verdienen oder klassische Anreizsysteme. Dazu gehört unter anderem das Bonussystem bei Krankenkassen, bei dem es Extraleistungen für freiwillige jährliche Zahnarztkontrolle und regelmäßiges Sporttreiben gibt.

Die intrinsische Motivation wird in der Regel als die stärkere angesehen, da Sie keine Anreize von außen benötigen, um für ein Ziel aktiv zu werden. Jedoch gibt es häufig Dinge in unserer Gesellschaft, die erledigt werden müssen. Daher wird zum Beispiel die Motivation vieler Angestellter durch extrinsische Faktoren erzielt. Fällt der Motivationsfaktor jedoch weg und wird nicht durch einen anderen ersetzt, ist der betroffene Mitarbeiter auch nicht mehr motiviert und wird seine Aufgaben nicht mehr mit dem vollen Einsatz seiner Kraft erledigen. Der negative Effekt, den der plötzliche Wegfall einer extrinsischen Motivation bewirken kann, ist sogar so groß, dass er die intrinsische Motivation beeinflusst.

So kann ein Mitarbeiter, der sich sehr mit seinem Unternehmen identifiziert und sich dadurch motiviert, dass er es voranbringen will (intrinsische Motivation), durch eine vollkommene Fixierung der Unternehmenskultur auf Leistungsboni (extrinsische Motivation) die ursprüngliche Motivation verlieren. Fällt nun der Bonus weg, weil das Unternehmen sparen will, ist fast gar keine Leistungsmotivation vorhanden. Der Mitarbeiter strengt sich weniger an, seine Arbeit wird ihm zunehmend egal und das Unternehmen macht deswegen weitere Verluste. Besser wäre es daher, wenn das Unternehmen von Anfang an eine Kultur leben würde, in der auch intrinsische Motivationen gefördert werden. Zum Beispiel, indem die Mitarbeiter aktiv an Entscheidungsfindungsprozessen beteiligt werden und sich als wertvolle Mitarbeiter, deren Motivation und Leistungsbereitschaft anerkannt werden, fühlen dürfen.

Außerdem lässt sich ein **Unterschied zwischen mentalen Faktoren der Motivation und körperlich-energetischen Faktoren der Motivation** erkennen.

Zu den mentalen Faktoren der Motivation gehören Gedanken und Ziele. Zu den körperlich-energetischen Faktoren gehören Ihre Grundbedürfnisse wie Hunger oder der Wunsch nach Sicherheit. Dr. Krengel veranschaulicht den Unterschied anhand der möglichen Antworten auf die Frage: „Warum stehen Sie morgens auf?“. Darauf könnten Sie antworten „Weil ich etwas bewegen will“ oder „Weil ich Hunger habe“. Beides sind vollkommen legitime Motivationen, um Sie morgens aufstehen zu lassen. Das Ergebnis ist vermutlich dasselbe. Sie sind aufgestanden und werden anschließend aktiv. Folglich können Sie, auch weil Sie aufgestanden sind, weil Sie Hunger hatten, anschließend etwas bewegen.

Zudem kann Ihre Motivation Sie in zwei verschiedene Richtungen bewegen. Diese lassen sich ganz grob in eine **„Weg-von-Motivation“ und „Hin-zu-Motivation“** einteilen. Erstere kommt zum Tragen, wenn Sie von einem unerwünschten Zustand wegwollen. Dazu können Streitigkeiten, ein zähnefletschender Hund oder schlechte Ergebnisse zählen. Diese Motivation kann sehr stark sein. Um aus einer für Sie unangenehmen Situation zu fliehen, würden Sie vermutlich viel tun. Das hat damit zu tun, dass die mit diesen Motivationen verbundenen Gefühle sehr stark und eindrücklich sind.

Vielleicht wollen Sie weg von den furchtbaren Rückenschmerzen, der Trauer, die Sie in einer bestimmten Situation überwältigt oder der Scham, wenn Sie von jemandem verurteilt wurden. Die „Hin-zu-Motivation“ zieht Sie hingegen in eine bestimmte Richtung oder zu einem bestimmten Ziel hin. So zieht es Sie vermutlich bei strahlendem Sonnenschein nach draußen, weil Ihr Körper die Sonnenstrahlen zur Bildung von dem lebensnotwendigen Vitamin D benötigt. Ebenso verspüren Sie den Wunsch, Ihre Zeit mit Menschen zu verbringen, die Ihnen Geborgenheit schenken. Diese Motivation zieht Sie regelrecht dorthin. Beide Arten der Motivation sind wichtig, können jedoch auch gegeneinanderstehen.

So versuchen Sie vermutlich, Konfrontationen mit Ihrem Partner über die dreckige Küche zu vermeiden, weil Sie nicht gern streiten. Dies ist Ihre

„Weg-von-Motivation“. Gleichzeitig wünschen Sie sich, nach Hause zu kommen und sich einen Tee machen zu können, ohne von benutztem Geschirr begrüßt zu werden. Dies ist Ihre „Hin-zu-Motivation“. Um an Ihr Ziel, Ihr Partner wäscht auch mal ab, zu kommen, müssen Sie sich auf eine Konfrontation einlassen. In so einem Fall ist es an Ihnen, Ihre „Hin-zu-Motivation“ so weit zu steigern, dass Sie sich schließlich in die richtige Richtung bewegen.

11.5.1 Die Entwicklung der Motivation

Für die Ausbildung von Motivation braucht es zwei zentrale Kompetenzen. Einmal die Exploration. Diese drückt ein Kind darin aus, wie es mit neuen und unbekannten Dingen und Situationen umgeht, wie es auf Neues, nicht Vertrautes zugeht und sich neues Wissen erschließt. **Und zum anderen die Aufgabenorientierung**. Dies sind Fähigkeiten und Fertigkeiten, die für die Bewältigung von Aufgaben notwendig sind. Dazu gehören zum Beispiel das Durchhaltevermögen oder die Konzentrationsfähigkeit.

Die Motivationsforschung hat herausgefunden, dass Kinder von Anfang an motiviert sind, ihre Grenzen innerhalb ihrer Umwelt zu erkunden. „Sie möchten herausfinden, was sie bereits selbst können und was sie noch lernen wollen. Deshalb suchen sie von sich aus Tätigkeiten und Aufgaben, die ihre Fähigkeiten herausfordern und setzen sich dabei immer wieder neue Ziele“ (M. Krause).

Dabei lernen sie ganz automatisch, was es braucht, um seine Umgebung immer weiter zu entdecken. Sie müssen sorgfältig vorgehen, sich anstrengen, Durchhaltevermögen zeigen und ihre Impulsivität kontrollieren. Indem sie Energie aufbringen, um spielerisch die Welt zu erkunden, lernen sie die Kompetenzen, die es zum Erreichen von Zielen im Leben braucht. Diese Energie in Form von Motivation, die aufgebracht werden muss, um erfolgreich zu sein, kann durch die Erfahrung von Erfolgserlebnissen immer besser abgerufen werden. Das Kind lernt in der Vorschulzeit, dass es sich lohnt, sich anzustrengen und auch zu verzichten, um seine Ziele zu erreichen.

Dabei unterstützt werden Kinder, wenn sie von ihren Bezugspersonen ermutigt werden, angemessen schwierige Probleme selbst zu lösen und bei Bedarf angemessen unterstützt werden. Hinderlich hingegen ist es, wenn alle Herausforderungen, die sich dem Kind bieten könnten, entfernt werden und das Kind seine Fertigkeiten nicht trainieren kann. Ebenso schädlich ist es, Kinder mit zu großen Problemen allein zu lassen. Ein Mensch, der in seiner Kindheit zu oft überfordert wurde und keine Hilfe von seinen Bezugspersonen erhielt, musste viele Misserfolge hinnehmen. Er tut sich folglich auch im Erwachsenenalter schwerer, Energie aufzubringen für Probleme und Herausforderungen, an denen er in seiner Erfahrung oft scheiterte.

11.5.2 Die Bedeutung der Motivation für die Resilienz

Die Motivation hängt eng mit der Selbstwirksamkeit und dem Durchhaltevermögen zusammen. In Bezug auf das Säulenmodell beeinflusst die Motivationsfähigkeit besonders die Säule der Lösungsorientierung.

Die bei resilienten Menschen häufig festgestellte Stressresistenz lässt sich gut mit einer höheren intrinsischen Motivation erklären. „Wer aus eigenem Willen und eigener Überzeugung etwas erreichen will, arbeitet mit mehr Energie, Beharrlichkeit und Ausdauer als jemand mit geringerer Motivation an der Realisierung einer Aufgabe“ (soft-skills.com). Daher sind Menschen, die ihren Job mögen und jeden Tag motiviert dafür aufstehen, häufig entspannter als Menschen, die sich vor allem über extrinsische Motivation dafür motivieren müssen. Mit einer hohen Motivation arbeitet es sich besser. Sie wissen selbst, dass Sie im motivierten Zustand konzentrierter sind und sich mehr anstrengen. Gleichzeitig lassen Sie sich weniger ablenken. Das führt dazu, dass Sie mit Ihrem Ergebnis zufrieden sein können. Unmotiviert hingegen wird häufig damit Zeit vergeudet, den ungeliebten

Aufgaben auf der Arbeit aus dem Weg zu gehen. Das Endergebnis ist folglich eher schlecht und Sie sind am Ende des Tages trotzdem k.o., da Sie viel Energie für andere, ebenfalls nicht zufriedenstellende Optionen wie Prokrastinieren aufgewendet haben.

In einem glücklichen und entspannteren Zustand sind Sie in der Regel widerstandsfähiger gegenüber auftauchenden Problemen, sodass Ihre Motivation Sie davor schützt, bei der Herausforderung, für die Sie motiviert sind, aufzugeben. „Wer den Fokus und seine Motivation darauf legt, zu beginnen und Schritt für Schritt in kleinen Erfolgserlebnissen fortzufahren, hat wenig Zeit und Sinn dafür, über Probleme zu sinnieren. Die hohe Motivation, etwas zu erreichen und Ergebnisse zu erzielen, senkt dabei automatisch den wahrgenommenen Stress“ (soft-skills.com).

11.5.3 Der Weg zu mehr Motivation

Um motiviert sein zu können, braucht es ein Motiv, also ein Ziel. Wenn Sie abnehmen wollen, dann überlegen Sie sich ein realistisches Zielgewicht oder einen realistischen Taillenumfang. Immer wenn Sie nun laufen gehen oder auf einen Burger verzichten wollen, führen Sie sich dieses Ziel vor Augen.

In diesem Moment wird der Wunsch nach weniger Speck auf den Hüften hoffentlich den Wunsch, auf dem Sofa sitzen zu bleiben oder in den leckeren Burger zu beißen, überwiegen. Dieses sehr plastische Beispiel zeigt, wie motivierend ein Ziel, welcher Art auch immer, sein kann. Ganz egal, worum es bei Ihnen geht, wofür Sie sich motivieren wollen. Fokussieren Sie Ihre Gedanken auf das Ziel und Sie werden wieder mehr Willenskraft spüren.

Häufig wird es Ihnen schwerfallen, sich zu motivieren, wenn Ihnen eine Herausforderung zu groß erscheint und Ihnen die nötige Erfahrung zur Bewältigung fehlt. Beim Aufbau Ihrer Motivation für bestimmte Situationen gilt daher auch: „**Übung macht den Meister**“. Mithilfe Ihrer, während Sie üben, steigenden Kompetenzen und der Selbstwirksamkeit werden Sie fast automatisch immer motivierter. Sie werden eine

Aufgabe zu Anfang noch schwer finden und sich darum drücken wollen, sie selbstständig zu lösen. Doch haben Sie erst einmal begonnen und den ersten Teil hinter sich gebracht, werden Sie für den Rest auch viel motivierter sein.

Ein klassischer Motivator ist daher, einfach anzufangen. Wenn Sie zum Beispiel ein Essay schreiben müssen, zwingen Sie sich dazu, fünf Minuten lang eine Einleitung zu schreiben oder zu recherchieren. Haben Sie das geschafft und Sie haben ein paar Wörter auf das Papier gebracht oder auch die ersten inhaltlichen Ideen im Kopf, werden Sie motiviert sein, weiter zu ergänzen und den Text auszubauen.

Es gibt noch viele Tipps und Tricks, unmotivierte Phasen zu überwinden und sich ganz gezielt zu motivieren. Hier soll Ihnen eine Auswahl vorgestellt werden.

Achten Sie darauf, sich realistische Ziele zu setzen. Auch in Hinblick auf Ihre Selbstwirksamkeit ist es besser, wenn Sie erst mal in kleinen Schritten planen. Für diese werden Sie sich mindestens so gut motivieren können wie für Langzeitprojekte, und Ihre vielen kleinen Erfolge werden Ihre Motivation über einen längeren Zeitraum aufrechterhalten können. Mit diesem Trick können Sie einige Eigenschaften und Fähigkeiten, die es für eine bessere Resilienz braucht, stärken.

Zudem ist es wichtig, dass Sie sich **Limits für die Erledigung Ihrer Aufgaben setzen**. Warum das so ist, erklärt Jochen Mai in seinem erfolgreichen Blog „Karrierebibel": „unangenehme Aufgaben schieben wir gern auf. Prokrastination heißt das im Fachjargon. Zeitdruck und Deadlines wirken dieser „Aufschieberitis" jedoch entgegen. [...] Arbeit [dehnt sich] in genau dem Maß aus, wie Zeit für ihre Erledigung zur Verfügung steht - und nicht etwa, wie viel Zeit man tatsächlich dafür bräuchte. Zeitlimits sorgen also dafür, dass wir motiviert bleiben und uns nicht verzetteln."

Darüber hinaus führt er ein weiteres psychologisches Phänomen auf: „Der sogenannte Goal-Gradient-Effekt verstärkt dies noch: Je näher wir dem Ziel kommen, desto mehr strengen wir uns an. Freiwillig. Egal, wie sehr wir uns vorher verausgabt haben; egal, wie viele Energiereserven schon verbraucht sind - auf dem letzten Meter macht keiner schlapp. Aufgeben? Niemals!“

Diese Motivationskicks, die durch diese Effekte zustande kommen, können auch Sie sich zunutze machen. Planen Sie fest ein, von wann bis wann Sie was erledigen werden. Wollen Sie zum Beispiel den Zaun streichen, setzen Sie sich ein Limit, bis wann der Zaun wieder in neuem Glanz erstrahlen soll. Übermorgen können Sie die nötige Farbe besorgen und die Pinsel und weiteren Gerätschaften aus dem Keller holen. Nächsten Samstag wird gestrichen, sodass Sie am Samstagabend Ihren schönen Zaun bewundern dürfen. Auf diese Weise fällt es leichter anzufangen und zum Samstagabend hin werden Sie zwar immer müder, aber auch immer entschlossener den Pinsel schwingen. **Um sich selbst zu motivieren, hilft es, sich ein wenig besser kennenzulernen**. Fast jeder Mensch spricht auf bestimmte Motivatoren besonders gut an. Was ist es bei Ihnen, das Sie besonders gut motivieren kann? Versuchen Sie es herauszufinden und wenden Sie dieses Wissen ganz gezielt an, um neuen Antrieb zu gewinnen und Ihre Ziele zu erreichen. Je besser Sie zum Beispiel Ihre Arbeitsumgebung auf Ihre Bedürfnisse abstimmen, desto einfacher wird es Ihnen fallen, konzentriert zu arbeiten und sich von Herausforderungen nicht irritieren zu lassen.

Den Motivatoren stehen Demotivationsfaktoren entgegen, die Sie aus Ihrer Umgebung entfernen sollten. Gibt es bestimmte Faktoren, die Ihnen regelmäßig im Weg stehen? Lassen Sie sich im Großraumbüro leicht ablenken oder stehen Ihnen bestimmte Personen, wie missgünstige Kollegen, regelmäßig im Weg? Versuchen Sie, diese Demotivatoren zu eliminieren oder zu umgehen? Schaffen Sie sich Ohrstöpsel an, die die Geräusche um Sie herum ausschalten und versuchen Sie, gewissen Personen bestmöglich aus dem Weg zu gehen.

Machen Sie sich einen Alternativplan, wenn ein Demotivationsfaktor auftaucht. Dies geschieht am besten mit „Wenn ..., dann ...“-Sätzen.

Zum Beispiel: „Wenn es draußen stürmt, dass ich nicht laufen gehen kann, dann fahre ich ins Fitnessstudio und laufe dort auf dem Laufband." Oder: „Wenn mein nerviger Kollege mich wieder von dem Projekt ablenken will, für das es mir schwerfällt, mich zu motivieren, dann sage ich ihm, dass ich gerade keine Zeit für ihn habe." Mit so einem Plan im Kopf wird es Ihnen leichter fallen, Ihr Ziel konsequenter zu verfolgen.

Bei regelmäßig anfallenden Dingen wie der Joggingrunde hilft es, eine Routine zu etablieren. Diese gibt Ihnen eine gewisse Sicherheit und Ruhe und hilft Motivationstiefs, zum Beispiel wegen schlechtem Wetter, zu überwinden. Gehen Sie immer Mittwoch und Samstag joggen, werden Sie fast automatisch auch an einem ekligen Regentag Ihre Laufschuhe anziehen und einfach drauflos traben. Die Kraft, die es häufig braucht, seinen inneren Schweinehund zu überwinden, kann dann für das Laufen selbst aufgebracht werden. **Wenn es Ihnen schwerfällt, sich für die Sache selbst zu motivieren, dann arbeiten Sie am besten mit einem kleinen extrinsischen Motivator, einer Belohnung**. Gönnen Sie sich doch nach einem anstrengenden Lauf ein schönes Bad mit Kerzenlicht. Ist die Versuchung groß, den Lauf einfach abzubrechen, dann entführen Sie sich schon mal gedanklich in die schöne warme Badewanne. Laufen Sie dem Erlebnis entgegen und schon wird der Gedanke ans Abbrechen verschwinden.

Ebenfalls kann es helfen, wenn Sie sich freiwillig einer gewissen sozialen Kontrolle aussetzen. Lerngruppen sind nicht nur effektiv, weil deren Mitglieder sich gegenseitig helfen, sondern auch weil darin kontrolliert wird, wie gut sich jeder Einzelne auf das Treffen vorbereitet hat und währenddessen aufmerksam lernt. Dieser Druck kann sehr motivierend sein und führt in den Klausuren zu deutlich besseren Ergebnissen. Der Vorteil für die Mitglieder der Lerngruppe ist, dass sie durch das motivierte und fokussierte Lernen weniger Zeit aufwenden müssen und gleichzeitig auch ein wenig Spaß haben können.

Bei kognitiv nicht allzu anstrengenden Aufgaben hilft außerdem Musik. Haben Sie sich schon einmal gewundert, warum in

Fitnessstudios immer Musik zu hören ist? Oder warum so viele Spitzensportler vor ihrem Auftritt Kopfhörer tragen? Musik motiviert. Manche Menschen verbinden sie auch mit einem Ritual, wie Leistungssportler, die sich, kurz bevor sie ihre Maximalleistung abrufen müssen, ihren persönlichen Motivationssong anhören. Beim Training selbst lenkt Musik zudem von den Anstrengungen ab und kann bei monotonen Sportarten den Takt vorgeben.

Neben dem Hören von Musik kann außerdem ein **Selbstgespräch** sehr motivierend wirken. Feuern Sie sich selbst an. Indem Sie sich zum Beispiel sagen: „Die letzten 600 Meter ziehe ich noch durch!“ Sie können Ihre Ziele erreichen, sagen Sie sich das und werden Sie besonders in schwierigen Phasen Ihr größter Fan. So werden Sie nicht so leicht aus der Bahn geworfen und resilienter.

11.6 DAS DURCHHALTEVERMÖGEN

Das Durchhaltevermögen beschreibt, wie leicht oder schwer es Ihnen fällt, eine Aufgabe zu beenden. Sie ist gut vergleichbar mit der Fähigkeit zur Ausdauer im Sport. Wie gut Sie an einer Sache dranbleiben können, hängt von verschiedenen Faktoren ab, die das Durchhaltevermögen bilden. Zum einen benötigen Sie stetige Motivation, also ein Ziel, das Sie während der gesamten Aktion begleitet und zum Weitermachen motiviert.

Dieses Motiv muss stark genug sein, um Sie auch bei langweiligen Aufgaben anzutreiben. Außerdem braucht es Selbstwirksamkeit, damit Sie an Ihr Ziel glauben können. **Das Durchhaltevermögen beschreibt folglich, wie weit Sie mit Ihrer Motivation, Ihrer Selbstwirksamkeit und weiteren Faktoren bei der Bewältigung von Herausforderungen kommen.** Gleichzeitig beeinflusst es auch seinerseits die anderen Aspekte, da nur durch gezeigtes Durchhaltevermögen eine Erfolgserfahrung gemacht werden kann.

11.6.1 Die Entwicklung des Durchhaltevermögens

Das Durchhaltevermögen wird zum einen durch genetische Komponenten beeinflusst, aber vor allem wird es in der Kindheit erlernt. Die Komponente der Erziehung und Sozialisation hat sehr große Auswirkungen darauf, wie ein Mensch auf Herausforderungen zugeht und diese abschließt. Kinder lernen viel von ihren Bezugspersonen. So schauten Kleinkinder sich in einem Experiment von besonders beharrlichen Erwachsenen das Verhalten ab. Nachdem sie gesehen hatten, wie jemand nach einigen Versuchen, zum Ziel zu gelangen, schließlich den richtigen Weg fand, waren Sie selbst auch bereit, länger bei einer Herausforderung durchzuhalten. Sahen sie das Gegenteil, gaben sie anschließend auch schnell auf.

Auch in der direkten Interaktion mit einem Kind können Erwachsene viel bewirken. Zeigen zum Beispiel die Eltern ihrem Kind, dass eine Aufgabe, zum Beispiel ein Legohaus zu bauen, zu Ende gebracht werden sollte, bevor etwas Neues angefangen wird, dann kann das Kind sich auch über das Ergebnis freuen. Es hat ein Erfolgserlebnis, welches durch das Verhalten der Eltern direkt mit seinem Durchhaltevermögen verknüpft wurde. Wenn es nun auch noch besonders gelobt wird für sein Durchhalten, ist es noch besser. Es kann sich über das fertige Haus und das Lob freuen und speichert die positive Erinnerung in Zusammenhang mit seinem Durchhaltevermögen gut ab.

In Zukunft kann es die Emotion der Freude abrufen, wenn es wieder Durchhaltevermögen zeigen muss, aber eigentlich gar nicht so viel Lust auf die Aufgabe hat. Indem es sich ein Ziel setzt, zum Beispiel den fertigen Legobauernhof samt der Vorfreude auf die bald fertiggestellte Aufgabe und ein potenzielles Lob, kann es sich nachhaltig motivieren und dadurch die Energie freisetzen, die es braucht, um nicht mittendrin abzubrechen.

Dieser erlernbare Faktor sorgt so unter anderem dafür, dass der spätere Erfolg im Leben eines Kindes nicht von seiner Intelligenz abhängig ist, sondern wie es diese Intelligenz einsetzt: Stellen Sie sich einen Drittklässler vor, der aufgrund seines hohen IQs ständig von seinen Eltern zurückgemeldet bekommt, dass er sich wegen seiner Intelligenz nicht anstrengen muss. Er werde auch so gute Noten in der Schule erreichen. Er wird in den folgenden Jahren seine Schularbeiten schleifen lassen, schlampig arbeiten und wenig Motivation aufbringen können.

Dabei wird sein Durchhaltevermögen nicht trainiert, denn er lernt nur so lange, wie er gerade Lust hat und bricht dann einfach ab. Er kommt in der Oberstufe an den Punkt, wo er ernsthaft lernen müsste, denn die Matheaufgaben werden immer komplexer und länger. Doch irgendwie schafft es der nun junge Mann nicht, lange genug am Ball zu bleiben.

Auch, wenn er die eine Aufgabe, die für eine Dreiviertelstunde konzipiert ist, eigentlich gern zu Ende rechnen würde, schafft er es nicht. Der prophezeite Superschüler schafft sein Abitur daher „nur“ mit einem Dreierschnitt, während die anderen Jugendlichen trotz ihrer geringeren angeborenen Intelligenz deutlich bessere Ergebnisse erzielen. Das Durchhaltevermögen zu lernen, sollte daher ein wichtiges Ziel in der Erziehung eines Kindes sein.

11.6.2 Die Bedeutung des Durchhaltevermögens für die Resilienz

Das Durchhaltevermögen hängt, wie schon beschrieben, stark mit der Selbstwirksamkeit und der Motivation zusammen. Um die Kraft aufzubringen, durchhalten zu wollen, braucht es zudem eine gute Portion Optimismus und die Fähigkeit zur Selbstregulation muss ausreichend gegeben sein. **Um die Resilienz in ihrer Vielfalt erfolgreich, also auch über einen längeren Zeitraum zu trainieren, braucht es wiederum viel Durchhaltevermögen.**

Diese Fähigkeit ist in den Prozess der Resilienz auf unterschiedliche Weise als Faktor und auch als Produkt eingebunden. Das Durchhaltevermögen steht der Impulsivität eines Menschen entgegen. Dies soll am **Beispiel des Lernens einer neuen Sprache** verdeutlicht werden. Auch wenn es anstrengend ist, sich zum Erlernen einer Sprache tausende Vokabeln anzueignen, so ist es doch der einzige Weg zum Erfolg.

Nur wer in der Lage ist, den Nutzen in den Übungen zu sehen und Ablenkungen, wie dem Wunsch jetzt schnell noch mal aufs Handy zu schauen, zu widerstehen, bringt auch die nötige Konzentration auf, wirklich zu lernen und Fortschritte zu machen. Diese Erfahrung wiederum stärkt die Selbstwirksamkeit, die sich ihrerseits positiv auf das Durchhaltevermögen auswirkt. Durch den stetigen Erfolg wird der lernende Mensch zunehmend resilienter gegenüber Herausforderungen, die sich beim Lernen der Sprache auftun.

11.6.3 Der Weg zu einem besseren Durchhaltevermögen

Auf dem Weg nicht die Lust zu verlieren oder seine Konzentration auf vermeintlich spannendere Dinge zu richten, kostet Kraft. Dennoch ist das Erfolgserlebnis, wenn Sie ein Projekt beendet haben, eine bestimmte Strecke laufen konnten oder sich im Urlaub gut mit den Einheimischen unterhalten konnten, viel befriedigender als die kurzzeitige Ablenkung. Um langfristig am Ball zu bleiben, gibt es einige gut erprobte Tricks, die Ihnen helfen können, Ihr Durchhaltevermögen zu stärken.

Die **Dokumentation Ihres Fortschrittes** ist ein bewährtes Mittel, welches auch in der Industrie und im Sport zu Anwendung kommt. So gibt es zum Beispiel **Trainingspläne**, in denen verzeichnet wird, welche Sportübungen in der Zukunft verrichtet werden. Trainingsbücher schauen in die Vergangenheit und verzeichnen die absolvierten Übungen. Sie nehmen den Sportler in die Pflicht, aktiv zu werden und den aufgeschriebenen Aufgaben nachzukommen.

Ebenso funktionieren **To-do-Listen**. Es ist einfacher, den achten Schritt bei einem langfristigen Plan zu gehen, wenn genau verzeichnet ist, was Sie schon alles geleistet haben. Dann wollen Sie, nachdem Sie schon so weit gekommen sind, nicht mehr aufgeben. Außerdem zeigt Ihnen der **Zukunftsplan**, was genau noch zu tun ist bis zu Ihrem Ziel. Sie können sich so mehr auf die nächste Etappe fokussieren und der Gedanke an die Masse der Leistungen, die Sie noch von sich erwarten, verfliegt ein wenig, was entlasten kann.

Um monotone Aufgaben länger durchzuhalten, gibt es einen weiteren Trick. Schon Ende des 19. Jahrhunderts fand der Philosoph William James heraus, dass sich Menschen länger auf einen Punkt auf dem Papier konzentrieren können, wenn sie sich Fragen zu diesem Punkt stellen. Diese Fragen waren zum Beispiel: „Wie groß ist der Punkt?“, oder „Wie weit ist er von den Seitenrändern entfernt?“. Sie beschäftigten sich bewusst mit dem Punkt und hatten weniger Probleme, lange auf ihn zu schauen. Die Probanden, die sich ohne diese Hilfestellung konzentrieren sollten, sahen schnell verschwommen oder stellten bald fest, dass sie nicht mehr auf den Punkt schauten, auch wenn sie sich das eigentlich vorgenommen hatten. Wer sich also mit vielen vielfältigen Aspekten einer monotonen Arbeit beschäftigt, steigert sein Durchhaltevermögen stark und wird bei der Bewältigung der Aufgabe resilienter.

12. Bonus: So unterstützen Sie Ihre Resilienz mit dem Konzept der Achtsamkeit

Achtsamkeit kann Ihnen helfen, eine realistische Einschätzung Ihrer Lage zu bekommen. Durch die Praxis der Achtsamkeit schulen Sie Ihre Aufmerksamkeit und schärfen Ihre Selbstwahrnehmung. Dadurch können Sie Ihre Stärken besser wahrnehmen und Erfolge ebenfalls besser als solche erkennen. Das **Konzept**, welches **Achtsamkeit** beschreibt, wird von **Dr. Heller** folgendermaßen beschrieben:

„Achtsamkeit in Denken und Handeln [...] bedeutet, ganz in der Gegenwart zu sein, ohne sich von zukünftigen oder vergangenen Ereignissen beeinflussen zu lassen. Angst vor anstehenden Verpflichtungen, Bedauern über verpasste Chancen oder Ärger über erlittenes Unrecht sind in einer achtsamen Haltung des „Hier und Jetzt" nicht von Bedeutung."

Es geht darum, den Moment ganz bewusst wahrzunehmen und diesen nicht mit negativen Gedankengängen in ein negatives Licht zu rücken. Gedanken wie „ich sollte ...", „ich müsste jetzt ..." oder „hätte ich doch schon ..." sollen durch die Achtsamkeitspraxis aus der bewusst erlebten Zeit verschwinden. „Es zählt die Konzentration auf den jetzigen Moment, in dem alles Erleben wertfrei aufgenommen wird. Wertfrei bedeutet: ohne Ursachen für das Auftreten von Ereignissen oder Beweggründe für das Handeln von Menschen zu suchen oder eine Reaktion darauf zu planen" (Heller).

Die Fokussierung auf eine bestimmte Tätigkeit wird auch Ihnen helfen, sich besser zu konzentrieren. Sie werden merken, wie Sie in Ihrer Aufgabe versinken und sich nicht mehr so einfach ablenken lassen. Dadurch wird das

Arbeiten entspannter, Sie kommen schneller zum Ziel und werden so zufriedener. Menschen, die achtsam mit sich umgehen, sich also loslösen können von schädigenden Gedanken oder Glaubenssätzen, sind darüber hinaus auch häufiger gut in der Lage, Situationen einzuschätzen. Indem Sie über einen realistischen Überblick über Ihre persönliche Lage verfügen, können Sie zudem Überlastungsgefühle besser wahrnehmen und so den Grundstein legen, um ihnen gezielt entgegenzutreten. **Achtsamkeit kann daher als Ergänzungssäule zu den sieben Säulen der Resilienz verstanden werden, da sie mehr ist als nur eine Grundlage für die Säulen wie die anderen vorgestellten Resilienzfaktoren.**

Es gibt zahlreiche Praktiken und Übungen, um die Achtsamkeit zu trainieren. „Achtsamkeit wird schon seit jeher praktiziert und gehört zur Lehre unterschiedlicher Schulen, z. B. der Stoa oder dem Buddhismus" (Heller). In den 70ern wurde zudem ein Achtsamkeitstraining mit dem Namen „Mindfulness Based Stress Reduction" (MBSR) entwickelt. Diese Methode beinhaltet die Achtsamkeitsmeditation und hat das große Interesse an der Achtsamkeit geweckt. Das Achtsamkeitskonzept zeigt einen Weg auf, sich den Wunsch nach Entschleunigung und Stressreduzierung zu erfüllen. Die folgenden Übungen sind auch für den Hausgebrauch gedacht und sollen den Stress auslösenden und Resilienz torpedierenden Faktoren den Kampf ansagen. **Wenn Sie dem beispielhaften Kreislauf ...**

- ... morgens gedanklich bei der Arbeit zu sein und dabei nicht das Frühstück wahrnehmen zu können ...
- ... anschließend bei der Arbeit zu überlegen, wie der Abend mit Freunden am besten organisiert werden kann und fast nichts zu schaffen ...
- ... nach Feierabend mit den Gedanken bei den ganzen unerledigten Aufgaben im Büro zu sein, um dann wegen des Gedankenkarussells nicht einschlafen zu können und den nächsten Tag völlig übermüdet beginnen zu müssen ...
- ... entkommen wollen, dann wird Ihnen dieser Bonusteil viel nützliches

Wissen für Ihre eigene Achtsamkeitspraxis an die Hand geben.

Die **Wahrnehmung der eigenen Atmung** ist eine typische Achtsamkeitsübung, die Sie jederzeit und überall durchführen können. Sorgen Sie für einen ruhigen Ort, an dem Sie nicht gestört werden können. Setzen Sie sich bequem hin, sodass Ihr Körper vollkommen zur Ruhe kommt. Nun beginnen Sie mit Ihrer Atemübung. Konzentrieren Sie sich mit all Ihren Gedanken auf Ihren Atem. Denken Sie sich „ein" beim Einatmen und „aus" beim Ausatmen. Spüren Sie in sich, wie Ihre Atmung in einem Einklang mit Ihren Gedanken ist. Versuchen Sie, sich für mindestens fünf Minuten vollkommen auf Ihre Atmung zu fokussieren. Widerstehen Sie dem Drang aufzuspringen und schnell noch etwas erledigen zu wollen oder gedanklich noch einmal Ihre To-do-Liste durchzugehen.

Bleiben Sie bei den Gedanken „ein" und „aus". Stellen Sie sich einen Wecker mit angenehmem Klang und nehmen Sie sich fest vor, bis zu diesem Moment alles zu versuchen, um Ihre Übungen erfolgreich durchzuführen. Zu Anfang kann es sein, dass Ihnen diese vermeintlich einfache Übung schwerfällt. Heutzutage ist man sehr daran gewöhnt, immer schnell mental von einer Sache zur nächsten zu springen. Üben Sie regelmäßig, werden Sie jedoch feststellen, wie angenehm diese Übung ist und wie viel entspannter Sie hinterher sind. Wenn Sie schon fortgeschrittener sind, können Sie die Atemübung auch immer länger gestalten, um den Schwierigkeitsgrad zu erhöhen.

Eine weitere gut durchführbare Achtsamkeitsübung ist das **gedankliche Fotografieren von Gegenständen.** Wenn Sie zu Hause oder unterwegs sind und einen kleinen Moment für ein stärkeres Bewusstsein ihrer Umgebung aufbringen wollen, dann ist diese Übung besonders geeignet für Sie. Schließen Sie hierzu die Augen und bewegen Sie sich vorsichtig ein wenig von der Stelle weg, an der Sie standen. Sie können sich hierzu auch drehen. Nun öffnen Sie kurz Ihre Augen, wie eine Kamera, die Licht durch Ihre Linse lässt, um das Foto aufzunehmen. Warten Sie, bis Sie klar sehen können und schließen Sie die Augen dann wieder. Nun schauen Sie sich Ihr Bild ganz in Ruhe gedanklich an. Durch diesen Vorgang lenken Sie Ihre Aufmerksamkeit hin zu Ihrem spannenden Umfeld, dessen Sie sich vermutlich viel zu selten bewusst werden.

Neben dem Ausführen von **Achtsamkeitsübungen** können Sie die Achtsamkeitspraxis mit ganz alltäglichen Dingen **in Ihr Leben integrieren**. Probieren Sie doch einmal, **achtsam Ihre Zähne zu putzen**. Spüren Sie die Zahnbürste in Ihrer Hand und wie der Druck leicht an Ihrem Zahnfleisch zu spüren ist. Bewegen Sie den Bürstenkopf ganz bewusst an Ihren Zähnen entlang und konzentrieren Sie sich auf die Bewegung und die Wirkung.

Ebenso können und sollten Sie **bewusst Auto fahren**. Auch bewusstes Genießen Ihrer Mahlzeiten kann Ihren Alltag entschleunigen und führt häufig auch zu einer besseren Ernährung, da Sie sich beim achtsamen Essen unweigerlich damit beschäftigen, was Sie gerade essen. Jeder Moment, in dem Sie sich darauf fokussieren, nur bei dem zu sein, was Sie gerade tun, nimmt mentalen Ballast aus Ihren Gedanken und stärkt somit Ihre Resilienz. Trainieren Sie Ihre achtsame Haltung daher regelmäßig und Sie werden merken, wie Ihnen Achtsamkeit mit der Zeit immer leichter von der Hand geht und Sie mit mehr Engagement und einem besseren Fokus an Ihre Aufgaben herantreten können. In diesen achtsamen Momenten bilden Sie eine Art Schutzpanzer gegen störende Faktoren, die Ihre Resilienz stärken. Je achtsamer Sie folglich Ihr Leben gestalten, desto resilienter werden Sie auch.

13. Fachbegriffe

Ellipsoid: Ähnelt einer Kugel, sie ist jedoch nicht in all ihren drei Ausdehnungen gleich.

Generieren: Synonym für hervorbringen, erzeugen.

Faktor: Etwas, was in einem bestimmten Zusammenhang bestimmte Auswirkungen hat.

Inhibition: Die Inhibition oder inhibitorische Kontrolle ist die Fähigkeit, impulsive (oder automatische) Reaktionen zu kontrollieren oder zu hemmen, um durch logisches Denken und Aufmerksamkeit Antworten zu finden.

Internalisierung: Übernahme von Normen und Werten in die Motiv- und Handlungsstruktur von Individuen, die so Teil der Persönlichkeit werden.

Norm: Allgemein anerkannte, als verbindlich geltende Regel für das Zusammenleben der Menschen.

Produkt: Ein Produkt ist das Ergebnis einer Produktion, an der Faktoren beteiligt sind.

Regulation: Selbsttätige Anpassung eines Lebewesens an wechselnde Bedingungen in der Umwelt.

Stoa: Griechische Philosophenschule von 300 v. Chr. bis 250 n. Chr., deren oberste Maxime der Ethik darin bestand, in Übereinstimmung mit sich selbst und mit der Natur zu leben und Neigungen und Affekte als der Einsicht hinderlich zu bekämpfen.

Wert (Ethik): Wertvorstellungen oder kurz Werte bezeichnen im allgemeinen Sprachgebrauch als erstrebenswert oder moralisch gut betrachtete Eigenschaften bzw. Qualitäten, die Objekten, Ideen, praktischen bzw. sittlichen Idealen, Sachverhalten, Handlungsmustern, Charaktereigenschaften oder auch Gütern beigemessen werden.

14. Literatur

• T. Baier (2017): Wie Kinder Beharrlichkeit lernen, unter: https://www.sueddeutsche.de/wissen/psychologie-wie-kinder-beharrlichkeit-lernen-1.3678527.

• J. Bengel, L. Lyssenko (2012): Resilienz und psychologische Schutzfaktoren im Erwachsenenalter. Stand der Forschung zu psychologischen Schutzfaktoren im Erwachsenenalter, unter: https://service.bzga.de/pdf.php?id=601d3eab3f45a0702098da947a5deea8.

• C. Berndt (2019): Optimismus, Selbstbewusstsein, Bindung - was uns wirklich stark macht, unter: https://www.fuerstenberg-institut.de/newsletter-dezember-19/optimismus-selbstbewusstsein-bindung.html.

• S. Bernhardt (2010): Entwicklung der Selbstwahrnehmung im Kindesalter, unter: https://www.google.com/url?sa=t&rct=j&q=&esrc=s&source=web&cd=&cad=rja&uact=8&ved=2ahUKEwjZ0KDj8ZbyAhWR_7sIHcMVB8gQFnoECCoQAw&url=https%3A%2F%2Fopus4.kobv.de%2Fopus4-fhpots-dam%2Ffiles%2F183%2FNEU_Resilienz_Julia_BAhm_8195.pdf&usg=AOvVaw2mpnqS9u0sjcI-VW540pfz.

• J. Böhm (2010): Bachelorarbeit: „Resilienz und ihre Bedeutung für eine positive Entwicklung von Kindern", unter: https://www.google.com/url?sa=t&rct=j&q=&esrc=s&source=web&cd=&cad=rja&uact=8&ved=2ahUKEwjZ0KDj8ZbyAhWR_7sIHcMVB8gQFnoECCoQAw&url=https%3A%2F%2Fopus4.kobv.de%2Fopus4-fhpots-dam%2Ffiles%2F183%2FNEU_Resilienz_Julia_BAhm_8195.pdf&usg=AOvVaw2mpnqS9u0sjcI-VW540pfz.

• U. Bossmann: Erfolge feiern: So pushst du dein Selbstvertrauen und bist endlich stolz auf dich, unter: https://soulsweet.de/erfolge-feiern/.

• Bundeszentrale für gesundheitliche Aufklärung (2015): Resilienz oder was die Psyche im Gleichgewicht hält, unter: https://www.kindergesundheit-info.de/themen/entwicklung/psychische-gesundheit/resilienz/.

• D. Charf: Selbstregulation - das Thermometer unseres Lebens, unter: https://traumaheilung.de/selbstregulation/.

• CIRS Health Care: Bleiben Sie widerstandsfähig und gelassen: Praktische Tipps, wie Sie Ihre Resilienz während und nach der Coronakrise stärken können., unter: https://www.cirs-health-care.de/resilienz-wahrend-und-nach-der-coronakrise-starken.

• Clemens (2019): Kleide Dich wie die Person, die Du werden möchtest, unter: https://prachtfink.com/2019/09/23/kleide-dich-wie-die-person-die-du-werden-moechtest/.

• Coachingzentrum.ch: Was bedeutet Optimismus, unter: fi-le:///C:/Users/Giulia/AppData/Local/Temp/06_2018_fu%CC%88r_euch_nachgefragt_CZO__Optimismus_W.pdf.

• DAK-Gesundheit: Resilienz: die sieben Säulen der Stärke, unter: https://gesundes-miteinander.de/resilienz-die-sieben-saeulen-der-staerke/.

• Dorsch. Lexikon der Psychologie: Selbstregulation, unter: https://dorsch.hogrefe.com/stichwort/selbstregulation.

• U. Eberle (2010): Gesunder Optimismus, unter: https://www.zeit.de/zeit-wissen/2010/06/Optimismus-Positives-Denken?utm_referrer=https%3A%2F%2Fwww.google.com%2F.

• D. Galashan: Fördere Selbstregulation und Emotionsregulation im Alltag - Teil 1, unter: https://liebeundhirn.de/emotionsregulation/.

• Gatterburg (2013): Das Seelenorchester, unter: https://www.spiegel.de/spiegelwissen/psychologie-optimismus-laesst-sich-trainieren-a-918075.html.

- U. Gerber (2015): 5 Tipps zu mehr Optimismus, unter: https://www.beziehungspunkt.com/5-Tipps-zu-mehr-Optimismus-53848.html.
- Heinrich (2013): Optimismus als Überlebensstrategie, unter: https://www.spiegel.de/gesundheit/psychologie/optimismus-positive-gedanken-koennen-das-leben-staerken-a-901042.html.
- J. Heller: Achtsamkeit, unter: https://juttaheller.de/resilienz/resilienz-abc/achtsamkeit/.
- J. Heller: Akzeptanz, unter: https://juttaheller.de/resilienz/resilienz-abc/akzeptanz/.
- J. Heller: Lösungsorientierung, unter: https://juttaheller.de/resilienz/resilienz-abc/loesungsorientierung/.
- J. Heller: Netzwerkorientierung, unter: https://juttaheller.de/resilienz/resilienz-abc/netzwerkorientierung/.
- J. Heller: Optimismus, unter: https://juttaheller.de/resilienz/resilienz-abc/optimismus/.
- J. Heller: Resilienzfaktoren, unter: https://juttaheller.de/resilienz/resilienz-abc/resilienzfaktoren/.
- J. Heller: Zukunftsorientierung, unter: https://juttaheller.de/resilienz/resilienz-abc/zukunftsorientierung/
- Istituto Marco Ronzani: Was ist Lösungsfokussierung, unter: https://www.istituto.ch/fortbildung/methoden/was-ist-loesungsfokussierung.html.
- S. Jakob (2021): Achtsamkeit: Von der Schwierigkeit, im Hier und Jetzt zu sein, unter: https://utopia.de/ratgeber/achtsamkeit-lernen-mbsr-achtsamkeitsuebungen-achtsamkeitstraining-achtsamkeits-meditation-hier-und-jetzt/.
- T. Konnerth (1999): Der Schlüssel zu einem aktiven Leben: Eigenverantwortung übernehmen, unter: https://zeitzuleben.de/der-schlussel-zu-einem-aktiven-leben-eigenverantwortung-ubernehmen/.
- J. Kessler (2020): Optimismus lernen: 8 Tipps, die dir das positive Denken erleichtern, unter: https://www.emotion.de/psychologie-partnerschaft/persoenlichkeit/optimismus-lernen.
- Klingenberg, S. Süß (2020): Coping und Resilienz. Individuelle Handlungen und persönliche Eigenschaften zur Stressbewältigung, unter: fi-le:///C:/Users/Giulia/AppData/Local/Temp/beitrag-klingenberg-s%C3%BC%C3%9F-wist-04-2020.pdf.
- M. Krause: Motivationale Kompetenzen, unter: http://www.kompik.de/entwicklungsbereiche/motivation/wissenschaftlicher-hintergrund.html.
- M. Krengel: Was ist Motivation? Das Geheimnis unserer Willenskraft, unter: https://www.studienstrategie.de/motivation/was-ist-motivation/.
- M. Langwasser: Die 8 besten Tipps zur Visualisierung Deiner Ziele & Träume, unter: https://www.regenbogenkreis.de/blog/inspiration/die-8-besten-tipps-zur-visualisierung-deiner-ziele-traeume.
- Lebenskompass.eu: Die 7 Säulen der Resilienz, unter: https://lebenskompass.eu/blogs/leben/die-sieben-saeulen-der-resilienz.
- Lernen.net: Integrität: 5 Formen + 8 Tipps für integres Handeln, unter: https://www.lernen.net/artikel/integritaet-8958/.
- L.-M. Linhart, T. Karlsböck, B. Schedlberger (2017): Fehler eingestehen: 5 Tipps für den Weg zur Entschuldigung, unter: https://www.karriere.at/blog/fehler-eingestehen.html.
- L. Machetanz (2020): Achtsamkeitsübungen, unter: https://www.netdoktor.de/therapien/achtsamkeitsuebungen/.
- J. Mai (2021): Benjamin-Franklin-Effekt: Gefallen machen sympathischer, unter: https://karrierebibel.de/benjamin-franklin-effekt/.
- J. Mai (2021): Mit Kritik umgehen: Tadel verpflichtet, unter: https://karrierebibel.de/mit-kritik-umgehen/.
- J. Mai (2021): Motivation: 7 + 5 Tricks die Sie neu motivieren, unter: https://karrierebibel.de/motivation/.
- J. Mai (2021): Perfektionismus überwinden: 9 perfekt einfache Tipps, unter: https://karrierebibel.de/perfektionismus/.

• J. Mai (2021): Probleme lösen: 7 sichere Tipps für lösungsorientiertes Handeln, unter: https://karrierebibel.de/probleme-loesen/.

• J. Mai (2020): Resilienzfaktoren: Die 7 Säulen der Resilienz, unter: https://karrierebibel.de/resilienzfaktoren/.

• J. Mai (2021): Selbstwertgefühl stärken: Mit 10 einfachen Schritten, unter: https://karrierebibel.de/selbstwertgefuehl/.

• J. Mai (2021): Selbstwirksamkeit: Definition und Tipps, unter: https://karrierebibel.de/selbstwirksamkeit/.

• J. Mai (2021): Verantwortung übernehmen: 4 Vorteile + 6 Tipps, unter: https://karrierebibel.de/verantwortung/.

• G. Maier: Motivation, unter: https://wirtschaftslexikon.gabler.de/definition/motivation-38456.

• S. Mauritz: Eigenverantwortung, unter: https://www.resilienz-akademie.com/eigenverantwortung/.

• S. Mauritz: Lösungsorientierung, unter: https://www.resilienz-akademie.com/loesungsorientierung/.

• S. Mauritz: Nein sagen, unter: https://www.resilienz-akademie.com/nein-sagen/.

• S. Mauritz: Netzwerkorientierung und Resilienz, unter: https://www.resilienz-akademie.com/netzwerkorientierung-und-resilienz/.

• S. Mauritz: Schutzfaktor Selbstwirksamkeitserwartung, unter: https://www.resilienz-akademie.com/schutzfaktor-selbstwirksamkeitserwartung/#Wie_wirkt_die_Selbstwirksamkeitserfahrung.

• S. Mauritz: Selbstwert, unter: https://www.resilienz-akademie.com/selbstwert/#Authentisch_und_kongruent_leben.

• S. Mauritz: Verantwortung, unter: https://www.resilienz-akademie.com/verantwortung/.

• R. Merkle (2020): Was bedeutet es, Verantwortung zu übernehmen, unter: https://www.psychotipps.com/selbstverantwortung-teil-3.html.

• N. Mimra: Durchhaltevermögen: 5 Tipps, um dranzubleiben, auch wenn' s hart ist, unter: https://www.selbstbewusstsein-staerken.net/durchhaltevermoegen/.

• Ministerium für Kultus, Jugend und Sport, Baden-Württemberg: Selbstregulation: Gedanken, Emotionen und Handlungen selbst regulieren, unter: https://www.schule-bw.de/themen-und-impulse/leitperspektiven/praevention-und-gesundheitsfoerderung/lern_handlungsfelder/selbstregulation.html.

• Motivate Yourself: Resilienz und ihre Wirkung, unter: https://www.motivate-yourself.de/resilienz-erklaert-wirkung/.

• Peak-potentials.de: Resilienzfaktor Optimismus & Zuversicht, unter: https://www.peak-potentials.de/%C3%BCber-uns/blog-mentale-fitness-resilienz/optimismus-mit-achtsamkeit-lernen/.

• W. Pelz: Motivation: Sich selbst und andere Menschen wirksam motivieren, unter: https://www.managementkompetenzen.de/motivation/index.html.

• Psychologie-studieren.de: Gesundheitspsychologie Studium, unter: https://www.psychologie-studieren.de/studiengaenge/gesundheitspsychologie/.

• Psychomeda.de: Selbstwirksamkeit - Lexikon der Psychologie, unter: https://www.psychomeda.de/lexikon/selbstwirksamkeit.html.

• Püttjer, U. Schnierda: Lösungsorientierung: Beispiele, Bewerbung, Fragen, unter: https://www.karriereakademie.de/loesungsorientierung.

• Resilienz Akademie: Resilienz Definition, unter: https://www.resilienz-akademie.com/resilienz/#Resilienz_Definition.

• Resilienz.Wiki: Bindung und Resilienz, unter: https://resilienz-akademie.com/wiki/bindung/.

• Resilienz.Wiki: Was bedeutet Netzwerkorientierung, unter: https://resilienz-akademie.com/wiki/resilienz-staerken-durch-netzwerkorientierung/.

• RP-Online: Das sind die besten Motivationstricks beim Sport, unter: https://rp-online.de/leben/gesundheit/fitness/das-sind-die-besten-motivationstricks-beim-sport_iid-17682853#6.

- T. Ruefenacht: Resilienz - was uns widerstandsfähig macht …, unter: https://www.ruefenacht-coaching.ch/blog/resilienz-was-uns-widerstandsfaehig-macht.
- Schmidt-Forth (2019): Wie entwickeln Kinder Resilienz, unter: https://www.baby-und-familie.de/Entwicklung/Wie-entwickeln-Kinder-Resilienz-495627.html.
- G. Schölgens (2014): Sind Sie krankhaft perfektionistisch, unter: https://www.fr.de/ratgeber/karriere/sind-krankhaft-perfektionistisch-11178103.html.
- U. Schweckendiek (2019): Resilienz -So machen Sie ihr Kind stark, unter: https://sinus-sh.lernnetz.de/sinus/materialien/fachuebergreifend_allgemein/resilienz_starke_kinder_2019.pdf.
- M. Setzwein (2017): Optimismus-Training. In 5 Schritten zu mehr Zuversicht und Freude, unter: https://blog.setzwein.com/2017/10/06/optimismus-training-in-5-schritten-zu-mehr-zuversicht-und-freude/.
- Singer (2019): Die sieben Säulen der Resilienz. Teil 6 Zukunftsplanung, unter: https://de.linkedin.com/pulse/die-sieben-s%C3%A4ulen-der-resilienz-teil-6-christian-singer.
- Sinnsucher.de: Selbstwertgefühl stärken: Was Du tun kannst, um Dich selbst zu mögen, unter: https://www.sinnsucher.de/blog/selbstwertgefuehl-staerken-was-du-tun-kannst-um-dich-selbst-zu-moegen.
- S. Sitter (2017): 7 SÄULEN DER RESILIENZ - SÄULE 4: Selbstregulation, unter: https://www.yoga-zeit.at/7-saulen-der-resilienz-saule-4-selbstregulation/.
- Soft-skills.com: Zusammenhang von Motivation und Stressresistenz, unter: https://www.soft-skills.com/motivation-und-stressresistenz/.
- Spektrum.de: Lexikon der Psychologie: Selbstwirksamkeit, unter: https://www.spektrum.de/lexikon/psychologie/selbstwirksamkeit/14009.
- Spektrum.de: Lexikon der Psychologie: Zukunftsorientierung, unter: https://www.spektrum.de/lexikon/psychologie/zukunftsorientierung/17307.
- S. Stehn: Resilienz höchst persönlich, unter: https://www.ihp.de/assets/content/budi/files/1902-G.pdf.
- M. Stobbe (2020): Lösungsorientierung, unter: https://www.haufe-akademie.de/blog/themen/persoenliche-kompetenz/loesungsorientierung/.
- Teickner (2017): Risilienz, Durchhaltevermögen und Unnachgiebigkeit (GRIT), unter: https://medium.com/@teickner/risilienz-durchhalteverm%C3%B6gen-und-unnachgiebigkeit-grit-435c5b3e75dd.
- L. Thun-Hohenstein, K. Lampert, U. Altendorf-Kling (2020): Resilienz - Geschichte, Modelle und Anwendung, unter: https://link.springer.com/article/10.1007/s11620-020-00524-6.
- L. Vogt (2018): Resilienz bei Kindern: Wie die 6 Schutzfaktoren die seelische Immunabwehr fördern, unter: https://www.mini-and-me.com/resilienz-bei-kindern-wie-die-6-schutzfaktoren-die-seelische-immunabwehr-foerdern-teil-2-von-3/.
- von Suchodoletz (2008): Die Entwicklung von Selbstregulation im Übergang vom Kindergar-ten in die Schule: Die Rolle von mütterlicher Erziehung und kindlichem Temperament. Disserta-tionsschrift zur Erlangung des akademischen Grades Doktor der Naturwissenschaften (Dr. rer. nat.), unter:
- L. Wällnitz (2018): Selbstsicheres Auftreten: Kannst du es schon oder fakest du es noch, unter: https://seidirselbstbewusst.com/selbstsicheres-auftreten/.
- N. Warkentin (2021): Akzeptieren lernen: 4 Vorteile + 8 Tipps für mehr Akzeptanz, unter: https://karrierebibel.de/akzeptieren-lernen/.
- N. Warkentin (2020): Selbstregulation: Definition und Tipps, unter: https://karrierebibel.de/selbstregulation/.
- N. Warkentin (2019): Selbstverantwortung übernehmen: So lernen Sie es, unter: https://karrierebibel.de/selbstverantwortung/
- Wissenschaft.de (2010): DAS ICH BRAUCHT DICH, unter: https://www.wissenschaft.de/gesellschaft-psychologie/das-ich-braucht-dich/.

• G. Wohlleber (2020): Selbstbewusstes Auftreten: 5 Fehler, 4 Tipps und 3 Übungen, unter: https://kommunikation-lernen.de/selbstbewusstes-auftreten/.
• Wolf (2021): Wie eine gute Beziehung zu anderen herstellen und pflegen, unter: https://www.psychotipps.com/gute-beziehung-zu-anderen.html.
• https://www.google.com/url?sa=t&rct=j&q=&esrc=s&source=web&cd=&ved=2ahUKEwjX19Dx4K3yAhUMQvEDHTmaCM4QFnoECCsQAQ&url=https%3A%2F%2Fwww.bsj.org%2Ffileadmin%2Fpdfs%2FProjekte%2FBAERchen%2FSelbstregulation_und_Eintritt_in_Schule.pdf&usg=AOvVaw22cuXrnrwz4Xut7VGworNp.

Wir danken Ihnen für Ihr Interesse und Ihr Vertrauen. Als Dankeschön dafür, haben wir eine besondere Überraschung. Wir haben einen **ultimativen Guide, um erfolgreich eine neue Sprache zu lernen**, nur für Sie. Und diesen erhalten Sie vollkommen kostenlos. Das klingt wunderbar? Dann warten Sie nicht lange und holen Sie sich Ihr Gratis-Geschenk.

Hier geht es zu Ihrem Gratis-Geschenk:

https://forms.gle/MsbN8RKuFazHLNhc7

1. **Öffnen Sie die Kamera-App auf Ihrem Smartphone und richten Sie die Kamera auf den QR-Code.**
2. **Klicken Sie auf den Link, der Ihnen angezeigt wird und schon werden Sie zur Website weitergeleitet.**

Impressum

Herausgeber: Pegoa Global Media GmbH / Am Sandtorkai 27 / 20457 Hamburg
Kontakt: kontakt@pegoamedia.de
Coverbild: Shutterstock